クオン
人文・社会シリーズ
03

ケータイの文化人類学

——かくれた次元と日常性

金曔和
KIM, KYOUNGHWA

CUON

ケータイの文化人類学
―― かくれた次元と日常性

金 暻和［著］

CUO

■目次■

　序　ケータイの日常　7
　　　歴史上、最も普及しているメディア　7
　　　メディア論と文化人類学の接点　10
　　　本書の構成　12

第1部　いかにしてケータイにとりくむか

　第1章　ケータイ言説から見る　17
　　1　用語をめぐって　17
　　　「携帯電話」、「ケータイ」、「スマートフォン」　17
　　　世界のさまざまな呼び名　20
　　　本書の使い分け　22
　　2　ケータイ言説と諸問題　23
　　　ケータイとテクノ・ナショナリズム　23
　　　ネガティブな影響についての懸念　27
　　　閉じられた言説　30

　第2章　日常性を探る：メディア・実践・文化　32
　　1　「ケータイ学」　32
　　　「ケータイ学」の台頭　32

モバイル研究の二つの系譜　36
　　　「ケータイ学」の先駆性と課題　39
　2　日常実践の土台としてのケータイ　41
　　　「スマホ」の登場を読み直す　41
　　　日常実践の土台として移動性を考える　42
　3　概念装置としての文化　45
　　　ケータイの「小さな文化」　45
　　　文化のさまざまな定義　47
　　　日常実践をとらえる枠組みとしての文化　49

第3章　方法論の検討　51
　1　「自明な出来事」としてのケータイ　51
　　　厄介な研究対象　51
　　　さまざまな方法論と依然として残る問題　53
　2　文化人類学の示唆　55
　　　『文化を書く』の問題提起　55
　　　「ライティング・カルチャー・ショック」、その後　58
　　　内部者のアプローチと再帰性　60
　3　方法論としてのパフォーマンス　63
　　　ケータイ研究における「内部者のアプローチ」　63
　　　ケータイを「異化」する：ワークショップ手法の可能性　66

第2部　日常性のまなざし

第4章　ケータイのフォークロア　71
　1　「語りの実践」　71
　　　フォークロアは現代の出来事である　71
　　　「語りの実践」としてのケータイ都市伝説　72
　2　普及初期の電話・携帯電話に関するうわさ　73
　　　電話の始まり　73
　　　電話を通じて伝播する病気　74
　　　「携帯電話でガンになる」　76

3 ケータイの都市伝説　77
　　 ケータイ都市伝説の類型　78
　　 国境を超える都市伝説　85
　　 ホラー映画のなかのケータイ　87
   4 「語りの実践」としてのケータイ都市伝説　89
　　 ケータイが運ぶ恐怖の正体　89
　　 日常性に対抗する「語りの実践」　91

第5章　ケータイのものがたり　94
   1 ケータイを語る　94
　　 ケータイのストーリーテリング　94
　　 ケータイの自己記述　96
　　 実践研究の経緯　98
   2 ケータイの小さなものがたり　101
　　 身体に密着したモノ　101
　　 「私」のアイデンティティにかかわるモノ　105
　　 情緒的な反応を呼び起こすモノ　107
　　 アンビバレントな評価　109
　　 世代間の格差　111
   3 モノとしてのケータイ　115
　　 物質文化論の流れ　116
　　 技術的商品から文化的モノへ　118

第6章　ケータイのパフォーマンス　121
   1 ケータイを演じる　121
　　 ケータイのパフォーマンス・エスノグラフィー　121
   2 演じられるケータイ　123
　　 「ソウルの典型的なモバイル風景を演じる」　123
　　 「上海の典型的なモバイル風景を演じる」　128
　　 「新潟の典型的なケータイ風景を演じる」　131
   3 ケータイ、身体実践、都市空間　136
　　 身体実践の文化的意味　136

都市空間を編み上げる身体　142

終章　ケータイのかくれた次元　146
　　　日本に近づくモバイル風景　146
　　　ケータイの日常実践、注目されない事象　148
　　　調査と異化のあいだ：実践的かつ再帰的アプローチ　150

あとがき　153
付録　本文で紹介したケータイ・ワークショップの詳細　157
参考・引用文献一覧　165
さくいん　181

序　ケータイの日常

歴史上、最も普及しているメディア

　韓国のあるシンクタンクの編集者から、最新技術トレンドについてのリレー・インタビューを受けた。インタビューのなかに「最近もっとも注目しているテクノロジー・トレンドは何か」という質問があった。シンクタンクのウェブサイトには、以前リレー・インタビューに応じた専門家たちの答えが掲載されていたが、3Dプリンターとか、ドローンや「モノのインターネット（IoT）」だとか、さすが最先端といえるテクノロジーの名前がずらりと挙げられていた。私は「モバイル・メディア」と答えたが、それは、編集者にとって期待外れだったにちがいない。モバイル・メディアに注目した新しい情報社会についての展望が出されてもう久しい。野村総研より、いつでもどこでもモバイル・インターネットが使えて、それに合わせた生活様式が当たり前である「ユビキタス・ネットワーク社会」というビジョンが出されたのは1990年代後半である。モバイル・メディアが未来社会を導くテクノロジーとして注目を集めたのはもはや20年前のことだ。今に注目すべきテクノロジー・トレンドとしてモバイル・メディアを挙げるなんてあまりにも時代遅れで陳腐な話に聞こえても仕方がない。

　しかし、私にも言い分はある。私がモバイル・メディアについて注目するのは、テクノロジーの新しさではなく、それが普及している物理的範囲の広さである。世の中にもっとも普及しているメディアといえば、テレビを思い出す人が多いだろう。しかしアフリカや南アジアなど、開発途上中の地域を含め、全世界的に眺めると、テレビの普及率は意外と高くない。たとえば、アフリカ大陸においてのテレビ普及率は、三世帯中、一世帯に過ぎない。なぜだろうか。テレビを観るためには、安定的な電力供給が必要である。地域の電力供給が円滑でなければ、テレビは無用の物になるのだ。テレビ自体のコストが下がっても、アフリカ大陸

のように社会環境が整っていない地域では、テレビ普及率がこれ以上すぐに伸びることはむずかしいかもしれない。

ところが、モバイル・メディアは事情がちがう。モバイル・メディアは、電力供給インフラが整っていない地域でも驚くべきスピートで広がっている。リビングや部屋に置かれなければならないテレビとちがって、モバイル・メディアはパーソナルなモノである。軽くて持ち歩きやすく、個人的に使われる。そのため、既存のテクノロジーとは異なる展開をしているのだ。たとえば、アフリカでは、モバイル・メディアそのものを買うというより、個人用に契約したSIMカードを持ち歩いていることが一般的である（羽渕2008）。必要なときに、モバイル・メディアを持っている町の誰かにデバイスのみを借りて、自分用のSIMカードを差しこんで用件をすますという使い方が普通というのだ。こうした使い方では、国の全体普及率を一目でわかるように集計するのは不可能に近い。だが、少なくとも、モバイル通信によって触発された新しいコミュニケーション形態が広範囲で普及しているということはまちがいないわけだ。

一方、モバイル・メディアを使うために必要な電力容量はバッテリーでまかなえる程度である。バッテリーを充電できる程度の電力インフラ

があれば、使うのには十分であるのだ。2009年SAMSUNGから出たGURU機種（図）は、開発途上国の市場をターゲットにする低仕様・低価格であるが、ソーラーパネルが付いていて、電力供給が円滑ではない地域でも自家充電で使うことができる。

モバイル・メディアは、近代以来、全地球的な規模で大衆化した唯一のメディアだといって過言ではない。移動性と柔軟性が抜群であるという特徴こそ、今まではなかった規模とスピードでモバイル・メディア普及を可能にしている。じつは、高度な通信端末機を地球上の誰もが日常的に持ち歩くという未曾有の現状は、「ユビキタス・ネットワーク社会」

という展望のみでは語りきれないのではなかろうか。20年前の専門家たちが夢見たのは、さまざまなメディアと順次に発展した先進国の未来であり、すべて情報インフラが整った高度の都市社会だった。ところが、今開発途上国で起こっていることは、そうした前提を覆す。テレビも容易に観られない田舎の前近代的な環境の中でも、モバイル・メディアが使われる。そうした風景こそ、現代社会のテクノロジーのあり方を生々しく物語っていると考える。

これまで、新しいメディアと情報社会をめぐる問いは、情報技術の斬新さ、便利さに焦点を置いた。ところが、テクノロジーによる新しい変化をとらえるだけでなく、テクノロジーが日常生活のなかでどんどん陳腐なものになっていく様子に注目する必要がある。その日常性こそ、現代テクノロジーの著しい特徴かつ最も注目すべき特徴だろう。私は、そういう意味でモバイル・メディアを「最近もっとも注目しているテクノロジーのトレンド」として挙げたわけである。

昨今のモバイル・メディアのあり方を理解するために、あえて日常性という側面にとりくむ必要性はすでに提起されている。Koskinen(2007)は、モバイル・メディアをめぐっての議論に、社会関係的かつ政治的変化を読みとろうとする楽観的かつ規範的なアプローチが目立つと指摘したうえ、じつは人びとの陳腐で日常的な使い方こそ使用者のリアリティにより近いものなのではないかと問う。とくに独自のモバイル・メディア文化を築いてきた日本のモバイル社会を理解するうえで、日常性（everydayness）という属性はきわめて重要になってきた（Kim 2015）。モバイル・メディアの日常性という側面をとらえるというのは如何なることなのか。モバイル・メディアは、日常的な仕切りとして身体に密着したモノであり、つまらないモノでもある。モバイル・メディアを一つのテクノロジーとしてとらえるのではなく、日常のモノとして意味を探る必要があるだろう。本書は、日常性というキーワードから、現代社会のモバイル・メディアのあり方にとりくむという問題意識に基づいている。

メディア論と文化人類学の接点

　本書の副題にある「かくれた次元」という表現は、文化人類学者のEdward Hallの代表的な著作、『かくれた次元 The hidden dimension』（1966=1970）になぞらえたものである。この本でHallは、複数の文化圏における空間認知のあり方を比較しながら、人の認知に与える文化的影響について考察した。それによれば、空間認知のあり方は、文化によって大きく異なる。読者にわかりやすいたとえとして、日本文化と西洋文化のあいだには、空間が混んでいるか否かを認知する感覚に差異がある。西洋人にとってはかなり混んでいたり、プライバシーがないと感じられたりする状況なのに、日本人はそうは感じない傾向が強い。むしろみんなと一緒にいることこそ日本文化だと主張しつつその状況を楽しむ場合もあるというのだ。そうした差異を例示しながら、Hallは「異なる文化に属する人びとは、ちがう言葉をしゃべるだけでなく、おそらくもっと重要なことには、ちがう感覚世界に住んでいる」（Hall 1966=1970:6）と述べる。

　それまでの空間心理学や認知心理学では、空間認知のあり方は主に身体的条件かつ認知環境によって先験的に与えられるものだという見方が支配的だった。ところが、Hallの考察によって、人間の認知や感覚のあり方に文化的側面が深く介入していることが明かされたのである。文化こそ、人々の認識を構成する重要な要素であるというHallの主張は、「プロクセミックス」（proxemics）という新しい領域として位置づけられた。この所論は、文化的要因による空間認知の差異について探求する。ある文化集団内部の多様性を考えず典型的で計測可能なパターンだけを見出して類型化、図式化したという批判を受けてはいるが、比較文化的なアプローチを通じて文化的営みのあり方を明らかにしたことでは高い評価に値するだろう。

　Hallの文化論は、メディア論とも関係がある。とりわけHallは、メディア論を提唱したとも言われるMarshall McLuhanとの学問的交流が深かった。McLuhanは、人と外部環境を媒介する物質的な形式（フォ

ルム)としてメディアをとらえる。そして、外部世界に対する人の感覚や経験は、個々人に完全に委ねられているのではなく、あの広義のメディアを通じることで形づくられるのだと主張した。

　一方、Hall は、メディアの代わりに文化という枠組みをもって、人と外部環境の関係性を説明する。知覚、認知、感覚などは、個々人のなかで成り立つ営みではなく、社会と個人を媒介する外部の営みを通じて形づくると主張した。さらに Hall は、複数の著作のなかで「文化としてのコミュニケーション」という言い方をしている(Hall 1959; 1966 など)。彼がいう「文化としてのコミュニケーション」という概念は、狭義では身体動作や非言語コミュニケーションのあり方を説明するものだが、個人と外部環境を関係づける要素として人間の表現や経験、感覚のあり方を説明する枠組みでもある。。

　二人の大物学者の類似性は、同時期の北米の学風を反映するものでもあるが、二人が数年にわたって百通以上の書簡を交わしつつ、知的な交流を続けていたという事実によっても裏付けられる。たとえば、McLuhan(1964=1967)の見方を象徴するものとしてよく引用される「メディアは人間感覚の拡張である」という文句は、Hall が先に述べていた(1959=1966:49, 80; 1966=1970:7)。McLuhan もそれを認めるばかりか、むしろ Hall より大きな知的な刺激を受けたと謝辞を述べている(McLuhan 1962=1986:8)。さらに、「メディアはメッセージである」や「グローバル・ヴィレッジ」など、McLuhan の思想の軸を成している概念も、Hall との交流のなかで形作られてきたものと考えられる。McLuhan の学問的な先駆者としてしばしば引用される Harold Innis より Hall のほうが、McLuhan のメディアをめぐる議論に与えた影響が大きいという主張も提出された(Rogers 2000)。

　片方に McLuhan から Hall への影響と考えられる議論もある。たとえば、「ホットなメディア、クールなメディア」というメディアの類型化に関する McLuhan(1964=1967)の議論は、Hall(1976)によって展開された「高脈絡文化、低脈絡文化 high-context culture, low-context culture」という概念に継がれたものと考えられる。二人の学問的交流は、幅広い学問領域に知的関心を寄せていた McLuhan の積極性によって導かれる傾向が強く、そうした意味では Hall の思想から McLuhan が受けた知的な刺激が大きかったとも言われている（Rogers 前掲書）。それぞれ文化とメディアという異なる概念を述べているものの、Hall の文化論と McLuhan のメディア論の間に、外部環境と身体の関わりに着目しているという共通認識があった。

　先述したように、本書の問題意識は、モバイル・メディアの日常性に着目することからはじまった。その探求のために、Hall の文化論を援用し、個人と外部環境を媒介するモノとしてモバイル・メディアをとらえ直してみることはできないだろうか。メディアというハードウェア的なあり方に注目するメディア論の観点と、身体と意識の実践を枠づけるソフトウェア的なあり方に注目する文化論の観点を合わせて考えることができるだろう。さらにいえば、モバイル・メディアというハードウェアと、それにかかわる実践というソフトウェアが交差する地平として、私たちの日常生活のあり方を位置づけることができよう。本書の副題に「かくれた次元」という Hall の表現を借りたのは、メディア論と文化人類学を橋渡す学際的な試みであるという文脈に加えて、これまでのモバイル研究領域のなかで比較的述べられてこなかった日常性という次元に着目するという二重の意味をこめてのことだった。

本書の構成

　本書は、モバイル・メディアの日常性にとりくむための方法論を論じる第一部と、実際に方法論を通じて探求した結果を述べる第二部で構成される。普通の研究書だったら、新しい知見を述べる第二部が中心となるはずだが、本書は、既存のモバイル研究からすれば新しい、学際的な立ち位置をもっているため、その意義と方法論についても十分に語る必要があった。

　第一部では、本書の問題意識と方法論について検討する。まず第一章

は、モバイル・メディアをめぐる既存の言説をたしかめることで、モバイル・メディアをとらえる社会認識と課題を確める。つづいて第二章では、これまでのモバイル・メディア研究の流れを振り返る。とりわけ「ケータイ学」と呼ぶべき日本の先駆的な研究成果を検討し、いま「ケータイ学」が直面している課題を確かめる。それを受けて第三章は、第一章と第二章で浮き彫りになった問いに基づき、モバイル・メディアの日常的なあり方を探る方法について検討する。要するに、第一部は、モバイル・メディアの理論と方法論に興味のある、研究者や専門家にとって有益な内容になるのではないかと考える。

　第二部では、第一部で述べたアプローチによって、モバイル・メディアの日常的なあり方を実証的に記述してゆく。第四章では、モバイル・メディアに関わる都市伝説を「語りの実践」という観点から考察する。都市伝説とは、現代のフォークロアとして位置づけられる文化的現象であり、人びとによって実際に語りつがれるという意味では立派な実践行為でもある。その意味を探りつつ、モバイル・メディアの日常的あり方を再吟味する。さらに第五章は、モバイル・メディアについてのさまざまな自己記述を分析し、モノとしてのモバイル・メディアのあり方が如何なるものなのかを明かす。つづいて第六章は、身体実践を枠付ける枠組みとしてのモバイル・メディアのあり方を探る。第二部の三つの章はそれぞれ、フォークロア、自己記述、身体実践という異なる軸をもって、モバイル・メディアの日常性を記述する。第二部は、どちらかというと、一般読者としても読みやすい構成になっているのではないかと考える。

　終章では、ケータイの日常実践にせまる本書の意義について再度確認しつつ、今後の展望を述べる。それから、付録として、第五章と第六章で紹介する「ケータイを語る」、「ケータイを演じる」という実践活動の詳細をまとめて掲載した。これらの活動は、モバイル・メディアにとりくむ教育プログラムとしても意義が高いため、学校など、さまざまな教育現場でぜひ活用していただきたく、進め方を詳細に紹介した。

第1部

いかにしてケータイにとりくむか

第1章　ケータイ言説から見る

1　用語をめぐって

　用語は対象を構成する言説の最小単位である。対象の呼び方は、それをとらえるもっとも基本的な考え方を内包し、言説のあり方そのものをコントロールするのだ。したがって対象をどのように呼ぶか、何と名づけるか、さらにその背景にどのような社会的文脈が存在するのかという点は、問題意識を理解するためのポイントの一つである。本書の考察対象は「ケータイ」だ。しかし、文脈によって「モバイル・メディア」、「携帯電話」、「スマートフォン」などの用語を使うこともある。それぞれの文脈について触れておく必要があるだろう。

「携帯電話」、「ケータイ」、「スマートフォン」
　まず、携帯電話という用語を説明しよう。漢字で携帯電話と書くと、いまやなんとなく硬いイメージもあるだろうが、初めて固定電話の進化版をイメージしやすい呼び名として抵抗なく受け入れられた。登場した初期は、無線電話や移動電話という呼び名も一緒に使われていたようだが、しだいに携帯電話という呼称に統一されていった。
　ケータイという呼び名は携帯電話という呼称に由来した。携帯電話から「携帯」へ、さらに「ケータイ」へ展開された過程については、富田英典、藤本憲一、岡田朋之らが編み上げた『ポケベル・ケータイ主義！』（1997、ジャストシステム）で考察がなされている。興味

深いのでくわしく紹介しておきたい。

1990年代後半といえば、モバイルの戦国時代である。それは、携帯電話、ポケットベル、PHS（Personal Handy Systemの略）など、さまざまな通信端末機が一緒に使われたという意味でもあるが、以前はビジネス道具としてサラリーマンの専有物だった携帯電話が若者たちの人気を集め、使用者層が広がったという意味でもある。若者たちは、ポケットベルは「ポケベル」、携帯電話は「ケータイ」、PHSは「ピッチ」という隠語風の呼び名を好んで使っていた。モバイル・メディアの使用者層が若くなるのにつれて、しだいにケータイという呼び名が幅広く使われるようになるわけだが、もう一つ重要な技術的転換があったと見られる。

すなわち、1999年、ドコモによって世界初のモバイル・インターネット・サービス（「iモード」）が始まったことをきっかけに「携帯電話は電話の改良版」という考え方をゆさぶりはじめたのである。インターネットへのアクセス・ターミナルに変身した携帯電話は、もはや通話のための道具という枠組みにあわなくなってしまった。『電子メールやインターネット、カメラなどの機能を備えた今日の携帯電話が、電話であってすでに「ただの電話」ではない』（松田ら2006:3）という認識が広まった。そうした認識転換を背景に、使い勝手の良い「ケータイ」という呼び名が受け入れやすい環境が整えたということである。

ケータイが常用語として定着した社会文化的過程は、日本ならではのモバイル事情が反映している。日本ではインターネットといえば、ケータイというイメージをもつ人が多いだろう。インターネット・プラットフォームとして、ノートパソコンより、モバイル・メディアが先に使われていたからだ。いまではノートパソコンからインターネットにアクセスする人口が増えているとはいえ、それは、

ケータイでモバイル・インターネットへの利用が定着した後、しだいにノートパソコンやタブレットからのアクセスに移行するという流れである。

　しかし、世界の他地域では日本と逆パターンが一般的である。モバイル・インターネット・ネットワークの普及が日本より遅れているアメリカやヨーロッパ諸国はもちろん、日本とほぼ肩を並べてモバイル・インターネット・インフラが整えられた韓国や台湾も、パソコンでのインターネット利用が先に定着し、後にモバイル・メディアでの利用へ広がるパターンだった。モバイル・メディアからのインターネット・アクセスが、パソコンからのインターネット・アクセスに先行する過程は、日本のモバイル社会の特殊な現象だった。「ケータイ」という用語の定着過程こそ、そうした日本的文脈をよく説明しているともいえよう。

　海外の研究のなかに、日本の情報社会の特異性を考慮するという意味で、ケータイの発音を生かした「keitai」と表記することが少なからず見られる。「インターネットが可能なモバイルフォン」（Miyata et al 2008）というようにモバイル・インターネット・サービスが初めて発売されたという文脈を強調する意味で「keitai」にこだわる場合がある。一方、「いつも持ち歩くこと、心地よいこと、インティメイトでパーソナルな性質をもつ」（Sousa 2007）というふうに、利用文化の特殊性を強調する意味にこだわる場合もある。いずれも、日本のモバイル・メディアの歴史に関わる特殊性に着目しているのはいうまでもない。

　近年は「スマートフォン」という用語がたびたび使われ、「スマホ」と略して呼ぶことも頻繁に見られる。一般的にはケータイより高度化され、パソコン並みの機能をもった高仕様のモバイル・メディアを意味する。2007年、米アップル社が発売した「iPhone」とい

う機種から始まったとよくいわれるのだが、スマートフォンという言葉自体は1990年代半ばにしばらく人気を集めたPDA（Personal Digital Assistance）を呼ぶ名前でもあったことに言及しておこう。「iPhone」の人気ぶりがスマートフォンという用語を一般に知らせるきっかけとなったのは事実であるが、高機能の携帯通信機という意味での定義はそれ以前から存在していた。

世界のさまざまな呼び名

つづいて、他の地域や国でのモバイル・メディアの呼び名についても見てゆきたい。まず、英語圏を中心に、「モバイルフォン mobile phone」という呼び名がよく使われる。話し言葉では略して「モバイル mobile」と呼ぶことも多い。「モバイル」とは、「移動する、移動できる」という意味であるから、「ケータイ」という呼び名と似ているともいえよう。

同じ英語圏ではあるが、アメリカでは「セルフォン cell phone」あるいは「セル cell」という呼称が好んで使われる。「セルフォン」は「セルラー・フォン cellular phone」の略語であるが、移動体通信設備の運用や配置に使われる「セル方式」[1]という技術用語から由来している（Agar 2003）。アメリカで1960年代に、「セル方式」

---

1 「セル方式」と呼ばれる移動通信サービスの設計構想が提出されたのは1947年、ベル研究所のD.H. Ringという研究者によるものだった。当時は第二次世界大戦が終わり、戦争中に開発された無線通信技術を商用化にかかわる技術開発や研究が活発に進められていた。その研究開発をリードしていたベル研究所では1947年無線通信の商用化に使われる受送信機（トランスミッター）をすでに発表していたが、問題はそれらをどのように設計、配置すれば、シームレスな通信が可能なのかという点だった。Ringは、地面を六角形のセルに分割し、そのなかにベースステーションの受送信機を配置する方式に思いついた。ところが、その発想が実現されるまでには20年もの時間が必要だった。「セル方式」でシームレスな通信地域を作るためには、高周波帯域の電波を確保する必要があったが、それが可能な設備は高価であり、採算性が合わなかったのである。実際に「セル方式」の移動通信サービスがアメリカで本格的に始まるのは1960年代に入ってからだった（Agar 2003）。

という技術システムが商用化され、世界初の移動体通信サービスが始まった。その歴史的経緯を物語るかのように、技術仕様的な側面が強調される「セルフォン」という呼び名が使われている。

　一方、ヨーロッパや中国、韓国などの非英語圏の地域では、「手で持つもの」という意味の呼び名も頻繁に見られる。たとえば、フィンランド語でケータイは、「手で持つもの」という意味の「キャンヌッカ［kännykkä］」である（Kopomaa 2000=2004: 23）。また、中国では、「ショーチー［手机 shǒu jī］」（「手で持つ機械」）、韓国では「ヘンドゥポン［핸드폰 haendupon］」（「ハンド（手）」と「フォン（電話）」を合わせた造語）などの呼び名が使われる。ケータイと身体の接点を強調する意味でつけられた呼称であろう。

　さて、以上に挙げられた呼び名はすべて「固定電話・有線電話」と対比させるという文脈をもっていた。一定の場所にはりついている固定電話に対して、身体に接していて、移動しながら使えるモバイル・メディアを説明するのに当たり前だといえば、その通りだ。しかし、そもそも固定電話の普及率が低かった地域の事情はまったくちがう。

　たとえば、アフリカや中米などの開発途上国の場合、そもそも固定電話の普及率が高くなく、最初から移動体電話を通じて通話行為が広まった。2000年代後半、アフリカのモバイル・メディアの利用者は爆発的に増加し、2010年にすでに契約者数が5億人を超えている（羽渕・内藤・岩佐 2012:4）。これらの国で電話といえば、最初から携帯電話である。そもそも固定電話があまり使われていなかったため、携帯できるという利用形態や持ち歩く身体実践をわざわざ強調し、固定電話と対比される必要もなかったのだ。こうした地域では、「モバイル」や「セルフォン」ではなく、「フォン phone」のように、ただの電話を意味する呼び名が普通に用いられる。

ようするに、移動可能性、携帯可能性という観点からモバイル・メディアを名づける傾向は、固定電話から携帯電話への順番で通信メディアの普及が進んだ先進国や地域に限られる。モバイル・メディアの普及は、全地球的に起こっているという意味ではグローバルな現象でありながら、それぞれの地域や社会の状況に合わせつつ定着していったという意味ではローカルな現象でもあるのだ。

本書の使い分け
　このようにさまざまな呼び名を持っているモバイル・メディアであるが、本書ではそれぞれの背景と文脈に合わせて、携帯電話、ケータイ、スマートフォン（あるいはスマホ）という呼び名を使い分けたい。特定した脈絡を意識せず、中立的な文脈で述べる場合は、モバイル・メディアという用語をそのまま用いる。英語圏では、モバイル・メディア（mobile media）という用語にもそれなりの文脈があるため、注意深く使う必要があるということは言及しておこう。しかし、少なくとも日本では、モバイル・メディアという呼び名が、業界や学界の専門的な記述のなかで使われることはあっても、話し言葉として使われることは珍しい。

　一方、携帯電話という用語は、ケータイという呼び名が定着する以前の時代を記述する場合に用いる。モバイル・メディアをめぐる社会文化的な文脈が乏しい時代に、ひたすら通信のための道具として理解されたモバイル・メディアを示すときだ。その時代的背景から、技術的文脈がやや強調されることもある。

　それに対してケータイという用語は、1990年代後半以降、豊かな使用文脈が生まれ、技術的な側面だけでなく、文化社会的な側面でのあり方がはっきりと表れている時期以後を記述する際に用いる。日本のモバイル社会の文化的あり方が明確になってきた時期を

背景にするという意味では、日本的、日本文化的と呼ぶべき文脈を含む場合もある。

　他にも場合によっては「モバイル機器」や「モバイル端末機」という言葉を使うこともある。これらは、時代背景とは関係なく、移動通信技術を施した端末機、すなわち、単なる技術商品としての特徴をやや強調する文脈に限る。

2　ケータイ言説と諸問題

ケータイとテクノ・ナショナリズム
　日本で「iモード」と呼ばれたモバイル・インターネット・サービスが登場したのは1999年である。携帯電話からインターネットへ直接アクセスできる新しい機能としてiモードは、携帯電話の可能性を一気に広げた画期的な試みとしてウォークマンの世界的なヒットに続く、日本企業の成功事例として国内外で評価される。じつは、iモードから一年も経っていないほぼ同じ時期に、韓国でもモバイル・インターネット・サービスが始まってはいた。しかし、韓国ではインターネット・アクセスはパソコンからという認識が強く、モバイル・インターネット利用はまったく増えなかった。それに対して日本では、モバイル・インターネットがすぐさま大衆的な人気を集め、速やかに広がっていた。このような状況は、世界的にみればかなり珍しいということは先述したとおりである。

　1990年代を通じて、日本ではパソコンからのインターネット利用が伸びなかった。同時期にインターネット利用が爆発的に伸び始めたアメリカや韓国などの情報通信先発国に比べると異様ともいえ

る。その背景として、インターネット通信費が高すぎるという通信産業上の事情やセキュリティーについての懸念が強く、インターネットに対して消極的な態度などいろいろ挙げられる。それとは対照的に、モバイル・インターネット・サービスは、比較的に手ごろな利用料で、パソコンを持っていない人や高いインターネット利用料を払いたくない人にも容易にアピールできた。

　いずれにせよ、日本では、モバイル・インターネット・サービス利用の好調を背景に、日常のさまざまな場面でモバイル・メディアを使いこなす生活様式が早く登場した。日本を「先進的なモバイル社会」や「テクノ強国」としてイメージし、未来情報社会の実験台として注目する傾向もうまれた。それを受けて、日本のモバイル産業は、「優秀な日本の技術力」の証として言及されながら、技術輸出を通して国のイメージを高揚させていく最前線として位置づけられた。

　日本の携帯電話の先進化を支える原動力は、まちがいなく情報通信産業の奮発と躍進にあったといえよう。日本通信企業や端末メーカーは、他の地域よりも早く、最先端の情報機器や通信サービスがどんどん開発、展開されていったというのは事実である。ところが、2000年代半ば以降、次世代モバイル端末機といわれる「スマートフォン」の普及が早まる時期にきて、事情が一変した。米国や韓国の企業に産業的な主導権を奪われ、日本の通信企業やメーカーの世界市場での影響力が弱ってきたのである。

　そうした状況をめぐる問題意識として、いわば「携帯電話のガラパゴス化問題」という言説が語られるようになった。「ガラパゴス・ケータイ」という言葉が初めて登場したのは、2006年総務省が主催した「携帯電話の国際競争力強化に関する勉強会」でのことだった。当勉強会に参加した北俊一氏が、「携帯電話産業の国際競争力

強化への道筋:ケータイ大国日本が創造する世界羨望の ICT 生態系」と題した論説を通じて、問題意識や議論を公に紹介した。その論説のアブストラクトから問題提起に当たる部分を下記に抜粋する。

> 携帯電話を「話すケータイ」から「使うケータイ」へ進化するものととらえるならば、日本の携帯電話の利用状況はまちがいなく世界最先端に位置する。しかし日本の携帯電話メーカーは、世界市場において苦戦を強いられている。それは「日本がそれなりに大きな市場であった」ことに起因する。今後、日本の端末メーカーの世界シェア拡大を考えていくうえで、日本は本当にケータイの先進国なのか、独自の生態系を築いてしまった"ガラパゴス諸島"なのかを見極める必要がある。(北俊一「携帯電話産業の国際競争力強化への道筋:ケータイ大国日本が創造する世界羨望の ICT 生態系」、野村総合研究所『知的資産創造』2006 年 11 月号、48 頁)

　日本の通信産業市場は、海外市場を目指さず国内消費に対応することで十分な規模と需要をもっていた。さらに、新しいモバイル技術の展開が非常に早かった。海外ではモバイル・インターネットに対応する通信サービスが存在もしないのに、国内ではモバイル・インターネットが普通に使われるという特殊状況が続いた。世界の他の地域での利用パターンとはややかけ離れた、日本独自の展開がくり広げられていた。ところが、しだいに日本以外の地域でも、モバイル・インターネットのインフラが整えられ、モバイル・インターネット利用を随時求めるライフスタイルも広がった。そうした時代変化は、国内消費者の嗜好にぴったり合わせてサービスや端末機を

作ってきた日本の情報通信企業にとっては逆風だった。世界市場向けの商品をどんどん開発していくアメリカや韓国の通信企業とは対照的に、日本企業の商品は世界市場で売れなくなってしまったのである。

そうした状況を背景に台頭した「ガラパゴス・ケータイ」言説は、「優秀な日本の技術力」の象徴である情報通信企業が国際競争力を失っていることに対する懸念だった。日本企業の閉鎖性、世界市場での日本人の消極性を指摘する議論にはなっているが、そのうしろには、「テクノ強国」としての日本のイメージを取り戻していきたいという願望があっただろう。

「ガラパゴス・ケータイ」言説は、2000年代初め頃からモバイル言説に目立ったテクノ・ナショナリズム的な考え方（Matsuda 2005:33-34）の延長線として考えられる。「iモード」の成功に鼓舞された2000年代初め頃には、日本の通信業界の成果を基盤に最先端な技術国家を築いていこうとするほめ言葉一色だった。それがしだいに世界市場で期待通りの成果が上げられない通信業界を叱咤するものにシフトしてきている。いずれにせよ、これらの言説は「日本：世界」という産業的な構図を前提に「優秀な日本の技術力」を世界に知らせるため、業界の奮起を促すという考え方に基づいている。

ここで言及しなければならないのは、「ガラパゴス・ケータイ」の問題とは、あくまでも情報通信企業が抱えている課題であり、日本のモバイル社会の全体にかかわる問題ではないという点である。情報通信産業の世界市場での不振が続いているとはいえ、モバイル・メディアを使う人びとの日常実践が衰退しているわけではない。モバイル・メディアが日常の隅々まで浸透した、成熟したモバイル社会が存在するのはまちがいないのだ。こうした社会のあり方

は問わず、情報通信企業の海外での不振を懸念する言説だけが強まってしまった状況は、あまりにも産業中心的な考え方であるだろう。

　皮肉なことに、この「ガラパゴス・ケータイ」、あるいはそれを略した「ガラケー」とは、人々のあいだでは日本製ケータイを呼ぶ愛嬌のある呼び名にもなっている。産業的な見地からは「ガラパゴス・ケータイ」という状況は克服しなければならない課題とされるかもしれないが、「ガラケー」は、2000年代以前から販売され始めて以来、国内消費者の嗜好と要求に合わせて改善を重ねられてきた結果であるのだ。少なくとも日本の使用者には、もっとも心地よい感覚を与えていたというのはまちがいない。

ネガティブな影響についての懸念
　歴史的に新しいメディアの害悪についての言説は決して珍しいことではない。その普及初期に映画が少年犯罪を起こす主犯として語られたこともあるし（岡田 2009）、テレビが登場したときにもそのネガティブな影響についての言説が強まったりもした（小平 2009）。2000年代以降は、ケータイこそ、そうした言説の標的である。じつはモバイル・メディアのネガティブな影響についての言説の歴史は長い。普及初期から絶えず懸念の対象として語られていた。

　1990年代には、携帯電話がガンを誘発するという話や医療機器の誤作動を誘発するなどの言説がかなり広まっていた。その懸念があまりにも広まるので、総務省が携帯電話による心臓ペースメーカーへの影響の実証調査を行ったこともあった。1997年に、心臓ペースメーカーの誤作動を防ぐためには、ケータイを心臓より22センチ以上離してもつ必要があるという政府のガイドラインが出されていた。じつはその実証データの解釈をめぐっても異論があり、

「一部の機種だけで出た影響を拡大解析している」とか「旧型ケータイより電波効率が改善した最新機種は悪影響がほとんどない」という意見も提示された。しかし、長いあいだ日本では「携帯電話は心臓ペースメーカーに誤作動を起こす危険性がある」ということが常識とされ、この指針が「電車の優先席付近では携帯電話の電源を切る」というルールの根拠にもなった。2015年、総務省から「携帯電話の電波が心臓のペースメーカーに影響はない」という新しい指針が発表されたから、その汚名を晴らすまで10年以上かかったわけである。

　一方、ケータイはとりわけ若者たちをダメにするモノとして語られている。2010年、石川県では、中学校までの子どもたちにケータイを持たせないように保護者が努めることを定めた「いしかわ子ども総合条例」が制定された。[2] ケータイが青少年たちに悪影響を与えているという認識による措置であった。この法律の制定をめぐって「ケータイを禁止することで青少年問題が本当に軽減されるのか」、「果たして法的に規制をかけるべき事案なのか」などの疑問や批判も提起されていたが、ケータイに関する否定的な認識は根強く、ケータイの所持を禁止する措置が青少年たちを守る結果につながるという主張が共感を得ていたものと考えられる。

2　当条例のケータイ利用の制限に関する条項の全文は次である。
　　（携帯電話利用制限等）第三十三条の二　県は、青少年による携帯電話端末又はPHS端末（以下この条において「携帯電話端末等」という）の適切な利用に関する県民の理解を深めるため、啓発その他の施策の推進に努めるものとする。
　②保護者は、携帯電話端末等の利用制限に当たり、青少年の年齢、発達段階等を考慮の上、青少年の健全育成に資するよう適切な対応に努めるものとする。
　③保護者は、特に小学校、中学校、中等教育学校（前期課程に限る。）及び特別支援学校（小学部及び中学部に限る。）に在学する者には、防災、防犯その他特別な目的のためにする場合を除き、携帯電話端末等を持たせないよう努めるものとする。
　④保護者、地域団体、学校関係者その他の青少年の健全育成に携わる者は、相互に連携して、携帯電話端末等の適切な利用に関する取組の促進に努めるものとする。

ケータイ利用についての否定的な認識はとくに匿名コミュニケーションのあり方についての拒否反応と結びついている。その代表格が、ケータイに絡んで提起される「ネットいじめ」についての懸念である。「ネットいじめ」は、リアル世界と切り離されて起こるのではなく「現実世界のいじめ」を反映した現象であるという指摘（三好 2011）があるが、ケータイ利用を抑制することで、匿名コミュニケーションの副作用を減らさなければならないという考え方が未だに説得力を得ている。

　一方、ケータイ利用によって人間関係が薄っぺらなものになってしまうという「人間関係希薄化論」もある。それは、若い利用者を対象にした実証的な調査データをもって何度も反論された（たとえば、橋本 1998、辻 1999、松田 2000 など）。しかし、ケータイとの関連づけのなかで軽い人間関係の問題点を指摘する考え方は根強い。さらに、若者たちがケータイ利用に没頭する傾向は、「ケータイ中毒」や「ケータイ依存症」など、病理現象として語られがちである。最近は、ラインなど、若者たちに人気があるチャット・アプリを、違法行為や犯罪の温床として見なすマス・メディアの報道も頻繁に見かける。

　くり返しになるが、新しいメディアの否定的な影響を誇張したり、強調したりしてとらえることは歴史的にみて決して珍しいことではなく、むしろ自然な傾向である。ところが、社会言説は、その社会が対象をいかなるモノとしてとらえ、位置づけようとするのかという認識を浮き彫りにするのだ。ケータイによるネガティブな影響を強調する言説のなかでケータイはいかなるモノとしてとらえられ、それを使う人びとはどのように描かれているのかという点を真剣に考えてみる必要がある。

閉じられた言説

　ケータイ言説は、日本社会のモバイル・メディアを理解するための重要なバロメーターである。これまで見てきたケータイ言説には、次の二つの傾向が現れていると考える。

　第一、これらの言説は、ケータイを一つの技術現象としてとらえている。ケータイは、ブラックボックスのように閉じられた技術システムとして存在し、それを使う人間は、その影響を受けるばかりの消極的な存在として見なされる。たしかにモバイル・メディアの革新性、新規性は、優れた技術から生まれた。だが、そのような目線は、モバイル社会の一側面しかとらえていない。じつは人びとが日常生活のなかでいかにしてケータイを使うのかという現実に関する関心が決定的に欠如しているのだ。

　ケータイを実際に使う人々の目線を欠いているため、さまざまな社会問題に対しても、ケータイを禁止するという単純すぎる結論にすぐ至ってしまう。ケータイをとりあげることで、望ましくない使い方が無くなるという考え方は、自主的な人間ではなく、ケータイから一方的に影響を受ける受動的な人間を想定しているともいえよう。

　第二に、ケータイ言説のほとんどが「日本」という枠組みに閉じられている。ケータイ現象の多くが、「日本的」な文脈に布置されているというのはまちがいない。しかし、モバイル・メディアの普及は、日本だけで起こっている現象ではない。海外旅行や国際交流が増えるにつれて国境を超えるコミュニケーションも増えている。ところが世界中どこにいっても同じモバイル・メディアが使われているという状況をめぐってはローカルな企業のグローバルな市場での奮発を要求する一方向的な視点が見つかるのみで、グローバルな現象としてモバイル・メディアを眺めようとするユニバーサルな視

点があまりない。逆にいえば、そうした視点の偏りこそ、「ガラパゴス・ケータイ」という状況を作ったかもしれない。

　すなわち、日本社会のケータイをめぐる言説のなかに、グローバルな現象としてのケータイのあり方を念頭に入れた議論は非常に少ない。鄭・水越（2007）や金・羽渕・松下（2012）などモバイル社会の多様性に注目した研究が無いわけではないが、これらは少数派であるのだ。ケータイをより立体的に理解するためには、そのあり方をグローバルな図式のなかで俯瞰しつつ、ローカルな文脈と位置づけを比較的に確かめることが求められる。

第2章　日常性を探る：メディア・実践・文化

1　「ケータイ学」

「ケータイ学」の台頭

　他の国々でようやく携帯電話が導入され始めた1990年代後半、日本ではすでにインターネットへアクセスできるケータイが人気を集め、ケータイで長いメール[1]を送ったり、電車で移動しながらインターネットを使ったりする、いわば「モバイル社会」と呼ばれる未来的な社会像が出現していた。この時期にそうした風景が見られた場所は、日本の大都市が世界唯一だったといっても過言ではない。海外から「モバイル社会への先導役」や「最先端技術の実験台」としての日本の役割に注目する言説が出るようになったのもこの頃である（Matsuda 2005）。こうした社会事情を背景に、情報社会やニューメディアに関する研究も盛んに進められていた。とりわけモバイル・メディアをキーワードに情報社会の変容を考察する研究群が生まれ、幅広く成果を出すようになってきた。いわゆる「ケータイ学 keitai studies」[2]の台頭である。

　「ケータイ学」のトリガーとなったのは、富田英典、藤本憲一、岡田朋之、松田美佐などが編み上げた『ポケベル・ケータイ主義！』（1997、ジャストシステム）という論集である。この論集は、携帯電話の代わりに「ケータイ」という呼び名の登場を、一歩進展した情報社会の到来を象徴する出来事としてとらえつつ、今後の社会変容を導く鍵としてモバイル・メディアに再照明をあてた。歴史、技術、

言説、個人史などさまざまな角度からケータイを検討し、テレビ、新聞などと肩を並べる一つのメディアとしてとらえ直すことを試みた。当時は、ケータイ＝メディアという認識は希薄で、単なる進展した電話としてしか理解されなかった。ケータイは長いあいだ「無視されてきたメディア」（岡田・富田・松田 2000: 220）だったのだ。いまでさえケータイをマスメディアと同じ地平で論じることについて違和感を示す研究者が少なからず存在するわけだから、当時「ケータイ学」の主張は、革新的だけでなく、挑発的にも聞こえただろう。

　この論集にかかわった研究者らは、この本を皮切りに「メディアとしてケータイ」という問題意識をさらに広げていった。（たとえば、岡田（2000）、岡田・富田・松田（2000）、岡田・松田編（2002）、松田・岡部・伊藤編（2006）、富田・南田・辻編（2007）など）とくに、彼らが中心となって編みあげた "Personal, portable, pedestrian: Mobile phones in Japanese life" (Ito et al 2005)[3] という英語本は、日本のモバイル

1　日本では、ケータイでやりとりされるメッセージを「メール」と呼ぶことが多いが、欧米で「メール mail」といえば、PC 上でやりとりされる E メールのみを意味する場合がほとんどである。モバイル・メディアでの文字のやりとりは、「テキスト text」と呼ばれることが多い。さらに、他の地域では、PC では E メールを、モバイル・メディアでは SMS（ショート・メッセージ・サービス）を、というふうに使い分ける傾向が目立つ。

2　『ケータイ学入門』の編者の岡田朋之は、「ケータイ学」という名称をつけた経緯について、学問領域として体系化しようとする意図がまったくなかったと振り返る。編集者から、研究者や学生だけでなく、一般読者にも受け入れやすいタイトルをつけたいという要請があり、「社会学」や「研究」という堅苦しいタイトルを避けるべき、「ケータイ学」というタイトルにたどりついたということである（筆者とのメールのやりとり、2014）。そうした用語の経緯と意図とは別に、この時期、関西地方を中心に活躍した当研究グループは、非常に進んだ問題意識をもっており、一般にモバイル・メディアについての社会学的な研究より射程が広くて多様なアプローチが可能だったと考える。ここでは、「ケータイ学」という名称をそのまま用いて、同時期に生まれた問題意識を受け継いで現在まで探求を続けている研究者グループの学風を示すことにする。

3　この本の英語版が出版された翌年の 2006 年、北大路書房により『ケータイのある風景：テクノロジーの日常化を考える』という題目で和書としても出版された。

社会の諸相と展望を幅広く収録した論考として海外でも反響を呼び起こした。Hjorth（2007）は、この論文集について「モバイル機器にかかわる一般の人びとの実際の消費行動を取り上げ、西洋化と近代化という簡単な図式を乗り越えたモバイル研究の理論的枠組みを提示した」と評価した。さらにSousa（2007）は、「たんに日本におけるモバイル受容のあり方をまとめただけではなく、さまざまな側面で広がっているモバイル技術の受容現象を表すメタファーとして『ケータイ』という概念を紹介した」と述べた。単に日本という異国のメディア文化を紹介する本としてではなく、モバイル・メディアの社会文化的なあり方や展望を深く広く論じた論考として高く評価されていることが分かる。

「ケータイ学」は「ケータイを一つのメディアとしてとらえる」という観点のほかも、注目すべき問題意識を示していた。たとえば、さまざまなケータイ現象を、単なる通信手段の普及による結果として過小評価するのではなく、モバイル・メディアが遍在する未来社会を示唆するバロメーターとして注目する。このような観点は、情報技術の進歩という枠組みを通して現代社会のあり方を探求する情報社会論と通底することと位置づけられる（岡田・松田編 前掲書:13）。さらに、「ケータイ学」には、情報社会論では収まりきらないユニークな観点がいくつかあった。

第一に挙げられるのは、「ケータイ学」の立体的な歴史観である。一般にケータイの歴史といえば、移動通信技術の進展史と同一視しがちである。固定電話から無線電話へ、無線電話からさらに多機能無線端末機へと、技術的移行過程こそ、ケータイの歴史を語るものとして考える視点が支配的だろう（たとえば、菱沼1991や木暮2007など）。それに対して「ケータイ学」は、ポケットベルやウォークマンなどのケータイとは直接的にはつながっていないメディアの

歴史を、ケータイ文化の先祖として位置づける（富田ほか 1997, 岡田 1997、岡田・富田・松田 2000 など）。その根底には、ケータイは単なる技術発達による成果ではなく、さまざまな社会文化的要因によって歴史のなかで構成された社会的産物であるという考え方があったというのはいうまでもない。

第二に注目すべきなのは、「ケータイ学」が新しい方法論に積極的にとりくんだという点である。「ケータイ学」は、社会学や社会心理学のみならず、考現学、生活文化論、生活美学、ライフヒストリー、都市民俗学など、異種のアプローチを架橋しようとしたプロジェクトだった（藤本 2002: 168）。路上の人びとに直撃して話を聞くストリートインタビュー、研究者自らのメディア個人史の記述、漫画やアニメ、広告などに現れているケータイのイメージの分析、言説分析など、従来の研究調査法とは異なる方法を幅広く試したのである。というのも、「ケータイ学」の問題意識が、情報社会論に基づいていたとはいえ、学問領域に制限をかけず、学際的な問いを展開していたからであろう。

最後に、「ケータイ学」は、テレビ、新聞、ラジオと肩を並べるメディアとしてケータイの社会的役割を強調し、ケータイの社会的役割や教育的展望に積極的に取り組む必要があると主張した。たとえば、岡田・松田（2002:15）は、「メディア・リテラシーに対するさまざまな取り組みのなかで、ケータイに関する事柄はすっぽりと抜け落ちている」と指摘するうえ、「その有効な活用や、上手な接し方を教え込む方が、総合的なメディア・リテラシーの向上に役立つはず」だと述べた。モバイル・メディアを単なる個人的な道具として見なすのではなく、テレビや新聞といったマスメディアのように、社会的責任を問われる公共的営みとしてとらえなければならないという考え方を示した。ケータイのネガティブな影響を強調し、

モバイル技術そのものを排斥しがちである世間の意識があるのは事実である。しかし、社会的に不可欠な営みとしてケータイの存在をまず認め、公共的影響や活用法、改善点などにとりくむのがもっと建設的だと主張した。

　じつは、公共性を帯びた社会的な機制としてモバイル・メディアのあり方をとらえ、子どもや青少年の教育という観点から探求する視点が欧米で示され始めるのは 2010 年ごろである。[4]「ケータイ学」の問題提起は、モバイル・メディアの社会的あり方をしっかり見つめ、建設的かつ養育的な道具としての方向性を模索する意味で、これらの視点よりも射程が広いといえよう。

モバイル研究の二つの系譜

　これからは、世界的にモバイル・メディアについての研究がいかなる流れで進められてきたのかについて確かめておきたい。というのも、その流れを知ることで「ケータイ学」の学術的な意味と課題を立体的に理解することができるからである。従来のモバイル研究には二通りの系譜がある。第一は、モバイル・メディアを通信行為の道具として狭義でとらえる流れ、第二は、情報社会を構成する要素として広義でとらえる流れである。

　通信道具としてモバイル・メディアを見なす考え方は、モバイル・メディアとは固定電話が発展した結果であるという伝統的なとらえ方に基づいて展開されており、コミュニケーション技術の進展・変化によって人びとの通信行為がどのように変わったのかという点を主な問いにする。固定電話の普及歴が長く、社会心理学に基づいた

4　こうした流れから、モバイル・メディアと若者に関する実践的な研究プロジェクトも次々と立ち上がった。アメリカの MacArthur 財団によって進められている" Digital Media and Learning" プログラムなどがこのような路線の代表格である。

コミュニケーション研究の伝統が長いアメリカで分厚い研究成果が出されている。電話通信事業の発祥地であるアメリカでは、1970年代後半からモバイル通信サービスが商用化された。先ほど都市規模で「モバイル社会」らしき風景が現れたのは日本が初めてだと述べたが、アメリカでも1980年代後半から小規模での携帯電話共同体が現れ、それを考察する形で萌芽的な携帯電話研究も報告されている。[5] そうした電話研究を受け継ぎ、1990年代後半からは、モバイル・コミュニケーションを取り上げる研究も活発に進められている。初期のモバイル研究としてよく知られる、Katz（1999）やKatz & Aakus（2002=2003）などを代表的な例として挙げることができる。

　日本でも、モバイル機器の情報通信行為に対する影響に関する研究が早い段階から進められた。たとえば、東京大学情報学環（当時は東京大学社会情報研究所）が中心になって1995年より継続的に行ってきている「日本人の情報行動」というセンサスには2000年度の調査から、調査項目に携帯電話の情報行動が加えられた。[6] 2000年度の調査結果では、携帯電話の利用が20代や常勤者を中心に急増していることや、主な使用目的が「よく会う人との私的連絡」であるという分析などが報告されている（東京大学社会情報研究所編

---

5 富田（2009b）によって報告された初期の携帯電話研究の事例を参照している。M. McGoughのパトロールカーに乗った警察官の携帯電話利用の分析に関する研究（1989）やD.M.Davisの米国本土より携帯電話球率が高いハワイの携帯電話利用のパターンに関する研究（1993）などが紹介されている。

6 2000年度の調査では調査にあたっての新しい項目として「携帯情報端末を使う」「その他の電子情報機器（電卓・電子辞書など）を使う」「携帯電話・PHSで話をする」「携帯電話・PHS単体で、文字通信・情報サービスを利用する」の四つのカテゴリーが追加された（東京大学社会情報研究所 2001:9）。ちなみに、1995年の調査においては、「通信メディア」というカテゴリーのなかで電話、郵便、FAX、電子メールの使い方について調査を行っていた（東京大学社会情報研究所 1997:148-157）。

2001:128-133)。

　一方、モバイル・メディアの普及と拡散を単なる通信行為の変化としてではなく、新しい生活様式の浮上という流れで読み取ろうとしたアプローチが次第に出てきた。先述した、広義でモバイル・メディアをとらえる考え方である。

　たとえば、Castells et al（2007）は、グローバルな社会現象としてモバイル・メディアの問題を他角度から論じ、モバイル・メディアの普及という枠組みからデジタル社会の未来像を描こうとした。日本でもケータイによる通信行為の変化よりは、「ケータイのある風景」（松田・岡部・伊藤　2006）のありようを広義でとらえようとする研究が早い時期から盛んだ。モバイル・メディアの社会的受容の問題を多角度から論じた日本記号学会編（2005）やケータイ利用に結びつける形で新しい人間像の浮上を述べる富田（2009a）などがこうした流れに位置づけられるだろう。ほかにも、フィンランドの都市空間におけるモバイル・メディアの文化的受容様相を調べたKopomaa（2000=2004）や、モバイル・メディアの日常生活のなかでの役割を述べるLing（2004）など、幅広い研究成果が報告されている。

　モバイル・メディアの重要性はますます増大している現状を受けて、2010年前後からは、いわば「モバイル研究」（mobile studies, mobile media studies）と呼ばれる新しい研究領域も立ち上がりつつある。現代社会における移動性のあり方そのものに対して問題提起をしたUrry（2000）やUrry and Sheller（2006）、モバイル技術のあり方を政治社会的契機として解釈し、実践的可能性を探るRheingold（2002, 2008）、モバイル・メディアによって再構築されつつある時空間感覚をとりあげたLing and Campbell（2009）、モバイル・メディア利用による心理的反応の変容、情緒的意味の変化に着目する

Turkle (2008, 2011) などは、こうした流れに位置づけられるだろう。

　Horst (2013) は、いわば「第三世界」におけるモバイル・メディアの受容現象にもっと注意を払うべきだと提言する。これまでのモバイル研究は端末機の普及が先に進んだ、いわば先進国の利用様相に集中していた。彼女は、そのことを問題として指摘し、技術進展の遅れている第三世界の状況や国のあいだの格差問題などについての省察が必要だと述べる。すなわち、社会学、心理学、政治学、文化人類学など人文社会系の研究全般において、移動性を担うテクノロジーの影響についての関心が高まっているといえる状況である。

「ケータイ学」の先駆性と課題

　世界のモバイル・メディア研究の流れをかんがみたら、学問としての「ケータイ学」の問いが如何にして先駆的なのかがよく見えてくる。領域を横断する学際的な問いを通じてメディアとしてのケータイのあり方を探るという学風が世界的に出てくるのは、「ケータイ学」の台頭から10年以上後のことだった。先駆的な洞察を可能にしたのは、いうまでもなく、モバイル・メディアの普及が早く進んでいた90年代の日本社会であろう。日本の研究者はどの地域よりも早い時期にモバイル社会の到来を目の前で目撃し、モバイル・メディアが遍在する社会の実相を体験できた。そうした経験こそ「ケータイ学」を生み出した洞察の源になったというのはいうまでもない。

　さらに、日本では情報技術の発展を軸に文明社会のあり方を多様な方面から考察する学問的伝統が蓄積されていた。梅棹忠夫の『情報産業論』(1969) を筆頭に、中野収の「カプセル人間論」(中野 1984; 1991) や奥野卓司の情報人類学の試み (奥野 1990; 2009 など)、平野秀秋の『移動人間論』(1980) などは、キメはやや粗いものの、

情報技術のあり方に対する幅広い問題意識を示していた。こうした考察が「ケータイ学」に直接的な影響を与えたとまではいえないが、とりわけそうした知的な風土が社会学者やメディア研究者のあいだには広く受け入れられていたということは確かである。

「ケータイ学」は、基本的には、情報技術の進歩によって社会が変容していくという情報社会論の枠組みに基づいていながらも、情報技術による社会変容のダイナミズムにも注目した。社会進歩や統合システムといったマクロな次元から、個々人のあいだのやりとりの模様や生活というミクロな次元では、射程が広いわけである。

しかし、そうしたアプローチに限界もある。技術を軸に社会を描くという図式に従えば、日々高度化するモバイル技術に合わせて、モバイル社会のあり方もどんどん更新しなければならない。最初はモバイル技術の最先端を歩む日本社会のあり方をとらえるのに有効だったということはまちがいない。しかし、技術進歩が停滞状態になったり、技術の更新されるペースが鈍化したりすると、その戦略も効かなくなってしまう。技術の進展がある程度落ち着き、社会的受容が成熟する段階に入ってきたら、変化を問う質問も足踏み状態に陥ってしまうのだ。成熟したモバイル社会をうまくとらえるためには、技術の新しさのほかに、統合的なあり方を理解する軸が必要であろう。

2　日常実践の土台としてのケータイ

「スマホ」の登場を読み直す

　もはや「ケータイ」の代わりに「スマートフォン」と呼ばれる新型のモバイル・メディアが主流になってきた。1990年代後半の携帯電話からケータイへの変化がモバイル社会の第一期の転換だとしたら、2010年以降の「スマートフォン」の大衆的な普及は第二期の転換だと呼べるほど、モバイル・メディアの利用環境や利用パターンに大きな変化を与えている。

　「スマートフォン」とは、「スマート smart：賢い」と「フォン phone: 電話」で造語された言葉である。通話、メール、インターネットへのアクセスを基本とするケータイの機能に加えて、使用者が自由自在に機能を入れ替えられる開放型の仕組みを備えたモバイル端末機をいう。使用者が自ら「アプリ」をダウンロードし、端末機に取り入れることができる。予め搭載されているハードウェア（カメラや液晶画面など）の機能を使うだけではなく、自分の使い方に合わせて機能を選択し、端末機をカスタマイズすることができる。使用者が自分の選択で機能を自由に入れ替えたり、好みでインタフェースを変えたりしながら、モバイル・メディアをより自由にコントロールできるようになったのだ。

　ところが、日々使っている側から見た場合、ケータイからスマートフォンへの変化が、完全に別のものを想像させる根本的かつ全面的なものだとはいいがたい側面もある。スマートフォンはたしかに古いケータイより「スマート」である。しかし、片手にすっぽり入る大きさの通信機器を常に携帯し、通話やメール、ときにはインターネットへアクセスしに使うという、毎日の感覚は、以前にケータイ

を使うときにすっかり慣れたものである。スマートフォンはあくまでもケータイの一種にすぎないと感じる人もいるだろう。

一つのモバイル機器のなかに多岐にわたる機能が実現され、一台の機器をさまざまなモードで使い分けるようになった現象は、携帯電話の「マルチメディア化」(岡田1997)としてとらえられた。「マルチメディア化」というのは、そもそもコンピュータが複合化、多機能化していく発展過程のなかで生まれた概念である(Gilder 1992)。1990年代半ば、携帯電話の軽量化・小型化が一段落した後、メーカーは、電話帳や文字メッセージの送受信など、日々気軽く使える新しい機能を携帯電話にどんどん追加しはじめた。ケータイにデジタル・カメラが付くのもこの時期の出来事である。携帯電話の「マルチメディア化」こそ、携帯電話からケータイへとメディア論的な転換を起こした核心的な変化だともいえる。ケータイからスマートフォンへの転換も、こうした「マルチメディア化」の延長線として位置づけられるのではなかろうか。

一方、みんながスマートフォンのすべての機能を使いこなしているわけではない。「テレビ電話の機能が付いてはいるが一度も使ったことがない」、あるいは「ケータイで写真は撮るけど動画は撮ったことがない」という人たちが多い。「今ついている機能は、むしろ多すぎる。使う気にならない」という人さえいる。ようするに、モバイル技術の進歩と、人びとの生活のなかで受容する方向は必ずしも一致するわけではないのだ。スマートフォンの登場こそ、技術としてのその有り様と、日常のなかの有り様のギャップをさらに広げている。

日常実践の土台として移動性を考える

さて、ケータイの日常的あり方に迫るための枠組みについて考え

てみよう。ちょっと抽象的ではあるが、「移動性」（mobility）という概念から始めたい。

　移動性・移動可能性こそモバイル・メディアの著しい特徴であるということに異論はないだろう。だが、それが必ずしもモバイル・メディアによって実現できたものだとはいいがたい。移動性の営みはさまざまである。物理的に離れている場所を行き来するという物理的移動性がある一方、民主主義の定着によって可能になった階級・階層間の身分変化を意味する社会的移動性もある。とりわけ近代以降には、鉄道、自動車、飛行機などの交通機関の発達によって普通の人びとも物理的移動性を享受できる時代が到来した。さらに、電気メディア・電子メディアの発達は、物理的移動性を支える営みとして媒介コミュニケーションも定着させた。すなわち、移動性とは、近代社会の著しい特徴であり、そのあり方を支える原理でもある（Urry 2006, Urry and Sheller 2006）。そうした文脈で見た場合、モバイル・メディアとは、移動性という現代の生活様式をもっとも直接的な形で支える技術の一つなのだ。

　Henry Petroskiの『鉛筆と人間』(1989=1993) は、近代的な移動性とモノとの関係性を探求した書物である。アメリカの鉛筆工業の開拓者であるヘンリー・デービッド・ソローの人生に焦点を当てつつ、持ち歩くモノとして鉛筆がどのように想像され、どのように商品として改良され、最終的に立派な産業に展開されていったのかについて考察した。移動性を実現させるモノとして鉛筆に着目したアプローチが独創的で興味深い。主翻訳者の渡辺潤は、さらに次のような解釈を述べている。

　　（前略）パソコン、ワープロ、電子手帳、あるいはコンピュータ通信やファックスはそのような流れのなかで注目されている

道具だが、どれも鉛筆の延長線上に置くことができるメディアである。気軽に書き（描き）、消してはまた書き直す。ペンをもって原稿用紙に向かう姿勢に比べて、鉛筆のもっている自由さや気楽さは比較にならない。それがワープロやパソコンのメリットとしてひきつがれていることは、強調する価値のある特徴だと思う。（Petroski 前掲書、386〜387頁）

　「書く」という実践様式を介する営みと考えると、シャープペンシルやボールペンなどだけでなく、パソコン、ワープロ、電子手帳なども、鉛筆の後を受け継いだものとしてとらえることができるわけである。ところで、いまやケータイのメモ帳に書いておくことがあれば、ソーシャル・メディアやブログへの書き込みもケータイでやっているのではないか。そういう意味では、昨今のケータイこそ、「書く」という実践様式を担っているともいえよう。携帯性と「書く」という実践の両方にまたがり、鉛筆のあり方をぴったり継承したものとしてとらえることもできよう。

　じつは、ケータイはいろんな日常実践の土台になっている。たとえば、いまや電車のなかで、ほとんどの人びとがケータイを手にしている。さらに、電車でケータイのスクリーンを注視している人のなかには、何かしらを読んでいる人ばかりではなく、誰かとチャットを交わしていたり、ゲームをしたり、最近は動画を観ている場合も増えているように感じる。

　ケータイは、「歩く」「読む」「書く」「観る」といった日常実践を持ち運ぶ土台でもあるのだ。ケータイのあり方を、技術的要素から完全に分離して考えることはできないだろう。しかし、その技術が社会的あり方を獲得し、実践される現場は、人びとの日常実践のなかである。とりわけここでは、モバイル技術という枠組みをいった

んはずし、人びとの日常実践という枠組みに注目したい。

3　概念装置としての文化

ケータイの「小さな文化」

　人びとの日常実践のあり方をとらえる枠組みとして文化という概念は、これまでのモバイル研究のなかで、しばしば用いられてきた。一般に「ケータイ文化 keitai culture」というと、他の地域とちがって日本で目立つモバイル・メディアの利用様相を意味する。このように、利用集団によって見られるモバイル・メディアの使い方の多様性と個別性に注目するアプローチに着目し、Goggin（2008: 354）は、モバイルの「小さな文化　little cultures」への関心だと述べる。それぞれの社会の文脈に沿って展開される異なる使用傾向を探るという意味で、「小さな文化」の英文表記には、複数形の文化（cultures）が用いられた。

　地域、文化、世代、性別、職業など、ある属性によって利用集団を区切り、その集団内で見られる特徴を利用文化として位置づける考察が「小さな文化」の範疇に入る。たとえば、80年代以降に生まれ、幼いときからPCを使い、デジタル・メディアに囲まれた生活に慣れている世代を「デジタル・ネイティブ」（Prensky 2001）と名づける言説がある。さらに日本では「ネオ・デジタルネイティブ」（橋元ら、2010）という概念も出されている。日本でいうと、「76世代」と呼ばれる年齢層がPCやゲームなどのデジタル・メディアに囲まれて成長した「デジタル・ネイティブ」に当たるとしたら、そこからさらに86年以降に生まれた世代は、PCよりもケータイに先に

接し、モバイル・メディアにより適したコミュニケーション傾向を見せる。そうした若い世代を、「ネオ・デジタルネイティブ」と呼び、以前の世代と区分したのである。このように一つの利用者集団の様相を一つの文化として位置づける研究は少なくない。

　若者のケータイ文化についての研究は比較的に活発である。若者たちのポケベルの利用文化を探り、ケータイにおけるコミュニケーション様相の文化的背景を描き出した藤本（1996）や若者のケータイ・メールの利用傾向を探った松下（2007）、若者間のメールのやりとりで見られる言語遊戯の様子を記述した三宅（2004; 2005）などなど。というのも、若者は大人世代より、新しいメディアの受容に積極的であるからである。とくにケータイは、若者のなかで人気を集めてから、他の世代へ広がっていったメディアである。若者の使い方は、知見としての新規性が高いだけでなく、これからの展開を容易に予測させる材料でもあった。

　性別というバロメーターもケータイ文化を語るうえで好んで使われる。家事労働を遂行する主婦のケータイの使い方を調べたDobashi（2005）やモバイル技術の文化的受容における女性の役割を考察するHjorth（2009）などは、モバイル・メディアのあり方をジェンダー問題と結びつけてとらえた事例である。一般に女性は新しい技術受容において消極的とされるが、そうしたジェンダー政治的な文脈に気を配りつつ、女性の使用傾向を探る研究が活発になされてきている。

　一方、複数の「小さな文化」を並列的に並べることで、モバイル・メディアの受容様相を比較的に考察するアプローチもなされた。モバイル文化の比較研究の嚆矢とされる、Katz and Aakhus編の『Perpetual contact: Mobile communication, private talk, public performance』（2002＝2003）は、代表格であろう。

ここまで紹介したさまざまなモバイル研究は、モバイル・メディアの受容様相の多様性と個別性に着目し、それぞれの差異を「小さな文化」として記述する戦略をとっていた。ところが、ここでいう「小さな文化」という枠組みは、文化という概念そのものが含有している理論的かつ方法論的可能性を十分活かしているとは考えられない。

文化のさまざまな定義
　人文社会科学のいろんな分野において文化という概念が頻繁に取り上げられているのにもかかわらず、その概念の輪郭は未だに明瞭ではない。研究領域や分野によっては、文化のとらえ方が異なるだけでなく、文化概念についての根本的な考え方が正反対である場合さえある。

　一般的な考え方として、本、映画、芝居、音楽など、世間でいういわゆる教養や芸術という文脈にもっぱら限定して文化を語ることがよくある。「文化的な生活を送る」という表現や芸術や創造的な仕事に勤める専門職の人を「文化人」と称することは、こうした文脈であろう。その考え方は「文化＝近代的産物」という前提に基づいている。

　文化概念が、文明的で洗練された近代的な生活様式という文脈を獲得したのは、19世紀後半以降とされるから、けっこう最近の出来事である（Arnold 1994）。近代技術や文明の普及により前近代とは完全に対比する生活様式が浮上した。そうした「洗練された生活様式」の総称として「文化」を語る言説が出てきたのである。すなわち、近代の価値に基づいて、「洗練された文化」と「洗練されていない文化」を区別して評価する文化の多様性と個別性に重点を置いているともいえよう。

一方、文化人類学の文化概念は、考え方の前提がまったく異なる。文化人類学において文化とは、近代化や文明の美徳とは無関係で、人間の＜集団的意識 collective conscience ＞（Durkheim 1912）として定義づけられる。あらゆる社会集団には、それぞれの環境や社会的文脈に即した生活様式があり、日常の営みを支える共通の思考方式や無形の前提、意味体系が存在する。これは、すべての人間社会に見つかる必須な営みであり、決して近代だけの産物ではない。そうした価値中立的で包括的な体系を「文化」と定義する考え方によれば、前近代の生活様式が「非文化的」という判断はありえないのだ。

　文化人類学でも「日本文化」、「中国文化」というふうに、特定した集団社会のなかで共有された特徴的な様式を意味することがある。しかしそれは、教養的営みや芸術、表現物だけを示すのではなく、「学習、伝承される反作用、習性、技法、観念、価値の総合体、およびそれによって誘発される行為」（Kroeber 1948）を総称する。文化とは、共同体で見られる行動様式を体系化したり、行動パターンを選択させたりする信仰や知識体系を包括的に意味する概念なのだ。

　カルチュラル・スタディーズにおける文化のとらえ方にも固有の文脈がある。文化人類学における文化概念が抽象的で普遍的な次元を強調するあまりに具体性を欠いた場合があることに対して、カルチュラル・スタディーズにおける文化とは、もっと実践的ダイナミズムをもっている。たとえば、カルチュラル・スタディーズの代表的論者の Raymond Williams は、代表的な著作『長い革命』（1961）で、文化概念を三つの位相で説明した。第一、本質的かつ理想的な価値観として存在する抽象概念としての位相。第二、人間の思想や経験を知的かつ創造的な活動が記録された結果物としての位相。第三、特定の意味と価値を芸術や学習、制度や日常行為として表出さ

れる生活様式という位相である。そのなかでもとくに、第二、第三の位相は、時代の社会的な表象や支配言説によって大きく左右される集団意識からの影響を強く受けるものとして位置づけられた。

　カルチュラル・スタディーズにおける文化概念は、社会集団のなかで通用する意味、表象、価値観などを総体的に示すよりは、さまざまな言説やコミュニケーションによって構成される表象の有り様に重点を置いている。抽象概念としての＜集団的意識＞のなかでもとくに＜集団的表象＞という文脈に着目しているともいえよう。

　ようするに、同様に文化概念を用いているとはいえ、その概念についての根本的な考え方は異なる。逆にいえば、それだけ文化という概念の幅は広く、文脈によって恣意的に使われる余地があるということだ。前項で述べた「小さな文化」へのアプローチは、幅広い文化概念の文脈のなかで、多様性と個別性という側面を主に拾っているといえる。それだけでも十分意味のあることだが、文化概念の置かれた地平の幅と可能性をもっと活かす余地はあるだろう。

日常実践をとらえる枠組みとしての文化

　さて、本書は、これまでのモバイル研究で活発になされてきた「小さな文化」とはちょっと異なる位置づけで文化という概念を用いる。ここでいう文化概念は、利用集団を問わず、モバイル・メディアに関わる日常実践の一般的かつ普遍的な様子を捕まえるための枠組みである。前項で検討した文化のさまざまな定義に沿って考えるのであれば、文化人類学での文化概念に近い。

　そのようなアプローチの利点は何より、コミュニケーション行動や情報行動という枠組みに収まりきれない幅広い見地から日常実践のあり方を記述できるという点である。モバイル・メディアは、コミュニケーション行動や情報行動という次元に変化をもたらした

だけでなく、移動する身体モードの範囲を広げた。Richardson & Wilken（2012）は、メディアと身体のあり方を結びつけ、「身体—技術の関係性 Body-technology relations」という議論を展開した。たとえば、身体モードは、「人工物、道具、技術、ときとしてはもっと高度な技術的産物との継続的な交渉を通じて、文化的かつ集合的な習慣と積み重ね合わせた結果として現れるダイナミズム」（前掲書：182）[7]として位置づけられる。このような考え方に基づいて考えるなら、文化的営みが具体的に実現された結果として、モバイル・メディアの日常実践をとらえることもできるのだ。

　ようするに、本書の文化概念は、身体と技術、身体と機械の一般的関係性という見地からモバイル・メディアの日常実践を記述するための枠組みである。技術の社会的受容過程は、それが利用集団の個別性によって多様化しているプロセスであるだけでなく、技術そのものが個人の日常生活のなかに展開、変形されながら、一つの実践としての地位を獲得していくプロセスでもある。文化という枠組みを用いることによってそのダイナミズムの内訳を記述することができよう。

7　和訳は筆者。

第3章　方法論の検討

1　「自明な出来事」としてのケータイ

厄介な研究対象

　世代によってメディアの受容態度が異なることは珍しくないが、ケータイの場合は、同じ世代のあいだでも使い方がまちまちだ。ケータイでインターネットへアクセスすることは常識だろうが、ほかにも、音楽や動画を楽しんだり、ゲームをしたり、ケータイで行う行為はかなり多様である。ケータイで物語を書いたり、動画を編集・制作したりすることも特別なことではない。ケータイがスマート化していくのにつれて、使い方の幅もさらに広がっている。つまり、みんなケータイを持ち歩いているとはいえ、つきあい方は人によってずいぶんちがう。ケータイは、文字どおり「パーソナル」なメディアなのだ。

　使い方に個人性が目立つという点は、ケータイの研究者を悩ませる特徴である。ケータイの使い方に人の数だけ多様性があるわけだから、一般傾向を調べて類型化したり、平均的なパターンとしてまとめたりすると、どうしても無理が生じるからだ。

　ほかの行為をやりながらケータイを使う、いわゆる「ながら」利用が多いという点もケータイ研究をむずかしくする。「歩きながら通話する」、「電車を待ちながらメールを書く」など、ケータイを使いながら別行動をとることはもはや一般的だ。さらに、「テレビをみながらケータイをいじる」、「本を読みながらタブレットPCで検

索する」というふうに、複数のメディアを同時に使う傾向も強まっている。同時的かつ複合的にケータイを使うという傾向は、個人性が高いという特徴とともに、ケータイの利用行為を調査するうえで、難点になっている（天笠 2012）。

　以上に述べた特徴だけでも、ケータイは十分厄介な研究対象だが、さらに浮上している問題がある。ケータイが日常的になりすぎてしまったという点である。ケータイは、私たちの生活に深く浸透し、日常生活に欠かせない存在となった。それは、ケータイがとても大事なツールになったという意味である一方、ケータイとつきあう行為が普通になりすぎてしまったという意味でもある。私たちはとくに行動を起こすという感覚をもつこともなく、電話をかけたり、メールを書いたり、インターネットへの接続を図る。意図的に注意を向けないかぎり、毎日自分がどのようにケータイにさわって、どのように使っているのかということをめったには意識しない。

　たとえば、ケータイをどこかに置いたまま忘れてしまったことはないだろうか。ケータイはほとんどの人が非常に大事にしているモノでありながらも、よく置き忘れられるモノでもある。それはもちろん小さくて軽量であり、携帯しやすいというケータイの物質的な特徴にもよる結果だが、それに加えてケータイ経験が私たちにとってあまりにも自然に感じられるため、ケータイにふれあうすべての行動に注意を払わなくなったということにも関係があるだろう。ケータイ経験自体が日常化し、容易に意識できる領域から遠ざかりつつあるということだ。

　こうした事態は、とくにケータイの日常実践に着目している本書の問題意識にとっては大きな挑戦である。ケータイの日常実践が、私たちにとって当たりまえになったため、意図的に意識しない限

り、そのあり方がよく分からないからだ。ようするに、ケータイとの日常的なふれあいが「自明な出来事」になってしまった状況は、ケータイを調べる方法論に関する重大な問題を生み出した（金 2010）。

 さまざまな方法論と依然として残る問題
　研究対象としてケータイが孕む課題が多いだけに、既存の調査方法の限界を乗り越えるため、さまざまな試みがなされてきた。
　たとえば、辻（2007）は、利用者への聴き取りと並行し、ケータイのアドレス帳に保存されている連絡先情報を分析し、使用者の社会関係についての知見を見出そうとした。自らのケータイ経験を語ってもらう方法では、持ち主の主観的な判断が反映されてしまい、客観的に実体を把握することがむずかしい。そこで、普段めったに意識せずにオーガナイズしてしまうケータイのアドレス帳の中身を調べることで、持ち主の経験を客観的に拾えると考えたという（辻 2009）。
　一方、土橋（2009）は、一人のケータイ利用者に一日中密着して観察しながら、時間帯別に利用行動の特徴を細かく記録する方法を試した。土橋自身も認めているように、この方法は、被観察者に事前同意を得た場合でも、具体的な場面に起こりうる私的な振る舞いのすべてが記録されてしまう倫理的危険性を内包している。土橋によれば、ケータイはもはやメディアというより、生活編集装置というのにふさわしく、そのあり方は「使い方」という枠組みではとらえきれない。利用者の日常の現場をずっと追いかけつつ観察し、個人が置かれている環境的かつ社会的文脈のなかで持続的関係性をとらえる必要があると主張した。
　ケータイ利用のミクロな側面を照準した試みの一つとしては、エ

スノメソドロジー（ethno-methodology）[1]のアプローチを援用した山崎編（2006）も注目に値する。山崎らは、ケータイを使った会話や発話のやりとりに着目して、会話や発話が行われる具体的な場面のディテールを記述、分析した。場面と文脈によってころころ変わる発話の文脈を一方的にパターン化することを避けるため、個々の発話行為が置かれた文脈を一々細かく記述してゆく方法をとった。目線をあえてケータイで介される発話という一つの文脈に絞り、そのディテールを記述する戦略をとったのである。ミクロな記述を通じて日常実践のあり方を自ずと浮かび上がらせるエスノメソドロジーの長所が十分発揮された研究であろう。

　一方、統計的かつ量的な調査分析法の伝統が強いコミュニケーション研究としては例外的に、モバイル研究分野では質的調査法への関心も高い。子育て中の若い母親のケータイ利用について参与観察を行っている天笠（2010）やケニアでモバイル利用について質的調査を続けている羽渕（2008）などの試みが注目に値する。ほかにHorst & Miller（2006）によるジャマイカでのモバイル・メディア普及についてのエスノグラフィーや、東アジアのモバイル文化を調べたHjorth（2009）なども、参与観察と分厚い記述を通じてモバイル・メディアのあり方を捕まえようとする試みとして評価できるだろう。

　ケータイを調べる方法論をめぐってさまざまな試みがなされてき

---

1 「エスノメソドロジー」(ethno-methodology) という言葉を初めて使ったHarold Garfinkel（1968=2004:19）は、そのアプローチを「社会のメンバーがもつ、日常的な出来事やメンバー自身の組織的な企画をめぐる知識の体系的な研究」として定義づけた。外部に客観的世界が存在することを疑わずにいる社会科学の仮説・推論体系に批判を加えつつ、日常実践の細部的場面から社会的リアリティーを描き出すことを目指すアプローチとして定義できる。研究の客観性、正当性について懐疑的な立場をとり、日常実践の具体的な場面をミクロに再現していく方法論を通じ、当事者の文脈を自ずとう浮き彫りにする記述方法を用いる場合が多い。

たことは確かだが、しかし、「自明な出来事」を如何にして調べるのかという課題は依然として残っている。というのも、その問題自体が、調査の精緻度や完成度にかかわるものでなく、ケータイにかかわる主体の認識枠にかかわるからだ。認識の次元で出来てしまった限界をいかにして乗り越えることができるのか。私たちの日常生活のなかに隠れてしまったケータイのあり方を、いかにして可視化することができるのか。この問題にとりくむために、本書では、再び文化人類学の知見を借りることにした。

2　文化人類学の示唆

『文化を書く』の問題提起

「参与観察」（participatory observation）とは、調査者が調査対象の現地に長期間滞在しながら、原住民の共同体に自ら参加しつつ、文化的理解を深めていく文化人類学の調査方法である。量的調査や統計分析と比べ、かなりの時間と努力を必要とするが、その分、異文化を深層的に記述できる方法として評価されてきた。何年にもわたって原住民と交流を続けることを通じて、研究者が自らの文化による認識の枠組みを乗り越えて異文化を深く理解できるとされたからである。

『文化を書く Writing Culture: The Poetics and Politics of Ethnography』（1986=1996）は、この参与観察という方法論に痛烈な批判を与えた論集である。James Clifford、Michael Fischer、George Marcus など当時の若い文化人類学者や文化評論家たちによって編み上げられたが、参考観察による異文化記述の矛盾と限界を容赦な

く暴き出したことで大きな反響を呼び起こした。その影響は文化人類学だけでなく、欧米の知識社会全般に到るほどであり、後に「ライティング・カルチャー・ショック」と呼ばれた。

人類学者は文明の利器がまったく届かない「未開社会」に渡り、長期にわたってそこに住みながら調査を進め、その結果を一般にエスノグラフィー（ethnography、民族誌）と呼ばれる文化記述としてまとめる。じつは、その方法論が定着した初期過程が、先進国の植民地政策と密接な関係をもっており、文化人類学は、「未開社会」を開拓するという植民権力の使命を忠実に遂行したという汚名を持っている。植民権力が未知の土地に向かうときに、人類学者はそれに同行し、被植民地を、いわゆる「異文化」として調査、記述する役割を担ったのである。実際に現地の過酷な環境に耐えながら調査を進めなければならなかった人類学者に政治的な意図はなかったとしても、人類学という学問の背後には、帝国主義の庇護があったことは否定できない。

『文化を書く』は、文化人類学が政治的な抑圧や認識論的暴力に加担していた「原罪」が未だに続いていると主張した。「古典」とされる大物の文化人類学者の文化記述を例に挙げながら、そのナラティブに潜んだ異文化に対するまちがった理解や偏見を暴露した。これまでのエスノグラフィーが、自文化の枠組みにそって異文化を勝手に裁断、評価する偏見めいたものであったと主張したのである。それは個々のエスノグラフィーに対する厳しい批判である一方、文化人類学という学問が置かれていた歴史政治的問題について十分な自己反省を行っていないという点についての指摘でもあった。

そもそも文化人類学が考察対象とする文化は、社会学、民俗学、宗教学など、隣接学問との境界が曖昧な概念である。そのため、

学問としては後発走者だった文化人類学は、参与観察とエスノグラフィーこそほかの領域と区別できる学問のアイデンティティーであるとアピールしてきた。とくにエスノグラフィーは、西欧学問が陥りやすい自文化中心主義を乗り越える方法論として優位を占めると主張した。学問としてのアイデンティティーがかかっているだけに、『文化を書く』の問題提起は重く、文化人類学の立ち位置から考えるとなかなかラディカルなものでもあった。

問題提起はしつこく続いた。異文化記述は、エスノグラフィーを執筆する行為として実践される。逆にいえば、エスノグラフィーは、文字という媒体によって記録された読み物であり、本質的には執筆行為の結果である。そのことについて論集の編著者であるCliffordは、次のように語った。

> 物語りは、文字化された記録のなかに盛りこまれ、実際の文化的な出来事を記述するのと同時に、付随的だが、道徳やイデオロギー、世界観についてもまた語っている。民族誌を書くことは、その内容（文化や歴史に関する言及）と形式（テクスト化のモードに含まれる）の両レヴェルにおいてアレゴリーとして読み取られ得る（1986=1996: 183）。

個々のエスノグラフィーを読み物としてとらえ、エスノグラフィーを書く行為も書き手の主観的な執筆行為であると主張したのである。さらに、各々のエスノグラフィーを読み物として読み返して批評することで、文化記述の政治性と「書く」という実践の権力性の両方に批判を加えたわけである。エスノグラフィーは、異文化を記述するという行為の自文化中心主義に加えて、文字というメディアの権力性という、二重の政治性を帯びるという問題状況が

浮かび上がった。文化人類学は、帝国主義のために奉仕した歴史に対して原罪意識のみならず、学問領域としての独自性が不在だという危機感を持ち、学問としてのアイデンティティーに悩み続けてきた。むしろ学問としては「弱者」の立場であったからこそ、『文化を書く』のように自虐的な問題提起が可能だったのかもしれない。

「ライティング・カルチャー・ショック」、その後

「ライティング・カルチャー・ショック」は大きかった。その背景に、文化人類学の理論と実践の矛盾するあり方があるということはいうまでもない。ただし、そればかりではなく、近代的な知のあり方について懐疑を提起するポスト近代主義的な問題意識にも接続する側面があった。「ライティング・カルチャー・ショック」によって触発された問題意識は、学問を成り立たせる思想や方法論についての真剣な省察につながった。文化記述の方法論の限界を乗り越えようとする模索に拍車がかけられた。

参与観察とエスノグラフィーの根本的な枠組みの改良を求める声が高まってゆくなか、解釈的視点（interpretative perspective）の重要性が注目されるようになった。そもそも解釈的視点とは、アメリアの文化人類学者の Clifford Geertz（1973=1987）が提唱、展開した視座で、文化を「記述の対象」と見なすのではなく、「解釈の対象」として見なす視点としてまとめることができる。当事者によって主観的に経験されるものとして文化を把握することで、文化記述の主眼を主体が感じる経験に移動させる。客観性を強調するあまりに、文化の担い手のリアリティーを捨ててしまう既存のアプローチを改良できると考えたのである。

具体的に「分厚い記述」（thick description）という方法論が提案された。文化的出来事をできるだけ客観的に記述することを目指す「薄

い記述」(thin description) に対して「分厚い記述」は、文化的出来事の置かれた脈絡や意味を細かく描写する。恣意的に操ることができる創作的要素を最小限に抑えつつ、人たちの主観的経験をできるだけリアルに記述することで、そのあり方を自ずと浮かび上がらせようとした。

　Geertz 自身が解釈的アプローチを十分実践できたのかという点には疑問が残る。じつは、彼のあの有名なバリ島の闘鶏についての文化記述も、『文化を書く』では厳しい指摘のターゲットになり、自文化中心主義に陥った修辞的なナラティブの典型として批判された（クラパンザーノ 1986=1996）。しかし少なくとも理論的な側面からは、彼の提案した解釈的視座が「ライティング・カルチャー・ショック」以降の文化人類学のあり方に重要な手がかりになったことはまちがいない（Marcus and Fischer 1986）。

　当事者の立場を強調するアプローチは、文化記述の方法論の改良を図るだけでなく、文化概念の思想的な幅を広げるきっかけにもなった。当事者の経験とリアリティーを重視する見方では、日々経験する日常生活や実践の有り様も一種の文化として位置づけることができる。結果としてこうしたとりくみは、文化記述の対象の幅を広げ、その文脈も多様化させた。

　さらに、こうした流れは、文化概念の実践的意義を強調しながら、歴史社会的なダイナミズムへ積極的に介入していく新しい文化研究者像を生み出した。観察者としての立場を捨てた研究者は、さまざまな文化的現場に自ら積極的に参画していく当事者として自らを位置づけ、より積極的に実践に向かうことができる。たとえば、文化の担い手が自らの文化について記述してゆく「第三世界人類学」（native anthropology）や文化記述者の社会介入的役割を重んじて位置づける「開発人類学」（development anthropology）などは、実践的意

義を重視するこうした流れのなかから浮上した（太田 2001=2009）。

『文化を書く』によって触発された一連の模索は、文化人類学の学問内部的には文化概念の実践的意義についての議論を呼び起こしつつ、自文化中心主義の危険性を指摘し、研究者（記述者）と被研究者（非記述者）のあいだに新たな関係性の切り口として、当事者の目線を重視する学風につながったのである。

一方、文化人類学的な作業を一種のメディア実践として見なすという表現論的アプローチも出て来ている。文化人類学者は、研究者である一方、記録者でもあり、記録の媒体としてのメディアに関する関心がそもそも高い。たとえば、「映像人類学」（visual anthropology）の創始者とされる文化人類学者 Gregory Bateson と Margaret Mead はバリ島で現地調査を行った際、カメラやビデオ・カメラを記録の手段として積極的に使った。当時制作された画像や動画は、マルチメディアを使った初めての人類学的記述として高く評価されている（Askew & Wilk 2002: 41-46）。

日本では、1990年代後半以降、異文化を素材に取り上げるテレビ番組が増える状況を受けて、文化人類学者たちの実践的省察が進められた。飯田・原（2005）は、マス・メディアの制作論理によって文化人類学的知見が歪曲されたり、まちがった「異文化」のイメージを広げたりする状況を指摘しながら、文化記述の役割を、単なる学問領域に狭めるのではなく、一種のメディア実践として能動的に解釈することを提案している。

内部者のアプローチと再帰性

解釈的視座から出された方法論としてここでは「内部者のアプローチ」（emic approach）という観点に絞りたい。その観点こそ、本書で問題視しているケータイへのとりくみに示唆することが多いか

らだ。「内部者のアプローチ」とは何か。研究者が考察対象に対してもつ姿勢についての観点を示すが、「内部者のアプローチ」とよく対比させられる「観察者のアプローチ」(etic approach) という概念と併置してみると分かりやすい。[2]

「観察者のアプローチ」とは、研究者に客観性を保つことを求める姿勢である。研究者はなるべく主観的な判断を排除すべく、できるだけ被観察者と距離を置くことを通じて、客観的立場から資料を収集、分析しなければならない。一般に研究者にとって客観性とは最も重要な美徳とされるわけだから、当たり前に聞こえるかもしれない。

ところが、「内部者のアプローチ」は、形式的な客観性に対して疑問を提起する。物事が感じられて経験される方式は人によって異なる。場合によっては当事者になってみないと分からない経験のリアリティーがある。客観性のみを強調する姿勢では、主体の経験の文脈を完全に理解することができない。むしろ対象を誤解してしまう危険性もあるのだ。そこで「内部者のアプローチ」は、客観性のために第三者になろうとするのではなく、あえて自ら当事者の経験のなかに入ってみることをすすめる。文化的出来事を内部から経験することで、当事者が感じる内在的文脈がよく分かり、それに基づ

---

2 「内部者のアプローチ」と「観察者のアプローチ」を対峙させる考え方は、言語学の影響を強く浴びている認知人類学(cognitive anthropology)で提出された。そもそも「etic」と「emic」という表現は、言語学の「phonemic（音素）」と「phonetic（音声）」から由来する。すなわち、言語の内部的要素である音素(phonemic)のように「emic」は文化の内在的側面に意味するアプローチを、言語の発話的要素である音声(phonetic)のように「etic」は文化の外延的側面を意味する。文化人類学において両視点をめぐっての論争は絶えずに続いてきた。たとえば、Goodenoughは「内部者のアプローチ」の重要性を主張し、行為者の立場を徹底に理解することを勧める一方、Harrisは「観察者のアプローチ」にたって冷静な分析を行うことを強調する。一方、Turnerは、両方のアプローチがともに重要であると述べて、折衷的な解決策ができると主張した。「etic」と「emic」のアプローチをめぐる論争の流れについては、Headland et al（1990）を参照すること。

いて文化的理解を深めることができると見るのだ。

「内部者のアプローチ」による文化的知見が正当性を獲得するためには、主観的な経験を社会的に一般化することのできる事象として位置づける必要がある。個人的経験や主観的解釈も、個人の意識世界に孤立された出来事ではなく、外部文脈や社会的条件のなかで構成された出来事であり、「公的な営みとしての文化」（Geertz 1973）に帰属するものであると論じられた。

個人の経験と、外部の社会体系が循環する原理を説明するために、「再帰性」（reflexivity）という概念が用いられた。たとえば、G. H. Mead（1934=1955）は、社会的行動と個人の内的な心理プロセスの関係性を探求し、個人の内部意識は、他人の態度、社会言説との接触、物質環境など、外部世界との相互作用を通じて出来上がると論じる。外部世界が内部化していくプロセスが存在する一方、個人の認識がさまざまな行動として外部化していく逆方向のプロセスも存在し、相互的な営みとして働くと主張したわけである。さらに、Giddens（1992=1995）は、社会的表象という具体的な文脈のなかで再帰性をとらえ直し、個人の認識と社会的表象のあいだに成立する循環的かつ双方向的な関係性を理論化した。「再帰性」という概念は、個人的経験や主観的解釈を、外部環境より孤立された個人の意識世界で起こる出来事ではなく、外部とのやりとりを通じて成立する循環的かつ社会的な出来事として把握する。そうした枠組みから見た場合、「内部者のアプローチ」による記述も、個人の孤立された意識世界が立ち上がった結果ではなく、社会的な意味をもった文化的事象として位置づけられるのである。

3　方法論としてのパフォーマンス

　ケータイ研究における「内部者のアプローチ」
　自分の属する文化の生活様式や考え方を当たり前だと感じることは自然なことだ。文化とは、構成員の生活様式や考え方を枠づける要素であるからだ。すなわち、前節で述べた自文化中心主義にかかわる問題は、個人の努力によって容易に克服できる性質のものではない。文化的営みは、その担い手にとっては意識されない枠組み、いいかえれば、「自明な出来事」だからだ。

　自文化中心主義をめぐる問題状況は、持ち主さえ意識せずにその使い方に慣れてしまったケータイの問題状況に驚くほど似ている。両方とも「自明な出来事」をいかにして記述するのかという課題を抱えているからである。ケータイの場合は、観察者・記述者としての研究者と被観察者・被記述者としての使用者のあいだに生じる認識のギャップにとりくまなければならない。ケータイの研究者もケータイを使っているという意味では、当事者である。すなわち、研究者と使用者のあいだのギャップは、自文化と他文化といった根本的な限界によるものというより、当事者の個人差による錯視やケータイ経験の自明さを乗り越えることのできる問いの不在によるものだと考える。

　そうした問題構造を考える場合、ケータイ研究における「内部者のアプローチ」とは、一般的な社会言説として働く枠組みである「ケータイの利用様相」に代わり、「ケータイのパフォーマンス」という枠組みを用いることで実践することができよう。問いの対象を、ケータイをどのように「使っているのか」から、実際にとのように「実践されているのか」に変えることで内部者の立場からその

様子をとらえることができると考えたのである。

　パフォーマンスとは、「演じる」(perform) という行為形式を説明する言葉から派生した概念である。そもそもは、芝居や舞台芸術における演技を行う行為を意味し、なんらかの意図や企画に基づいた人工的な行動や行為を説明する枠組みだ。ところが、「再帰性」という営みを考えると、その文脈をうんと広げて位置づけることができる。すなわち、個人の心理的、意識的プロセスは、社会的諸条件と相互作用する関係をもっているため、外部の文脈から完全に解放された社会的行為というのは存在しない。社会的存在として人は、さまざまな場のさまざまな文脈に合わせて、自分の行為を演出したり、意図的な振る舞いをとったりする。ある意味、人びとのすべての社会的行為は「演じる」実践でもあるのだ。

　たとえば、E. Goffman は、ごく普通の日常生活のなかでさりげなく行われる行動や表現のあり方を「演じる」という観点から考察した。主体の明確な意図によって行われる明示的行為だけが社会的意味をもつのではなく、さりげなく行われる身ぶりや非言語表現も一種の「演じる」実践として、しっかりした社会的文脈をもっていると。暗黙的だったり、無意識的だったりする日常行為なのだが、そこには外部の社会的文脈（場）が介入しており、単に個人の意図で行為を取るだけでなく、その場に参画するという意味合いももって実践されると主張した。すなわち、パフォーマンスという枠組みを用いることで、さまざまな日常行為を、社会的に文脈づけられた一種の文化的実践として読み返すことができる。

　パフォーマンス概念が注目を集めるようになったのは、比較的最近の出来事である。高橋・鈴木（2011）が述べるように、パフォーマンス研究はきちんと整理された理論に基づいている学問分野というより、社会学、文化人類学、カルチュラル・スタディーズ、演劇

論など、隣接する分野で散発的に展開された考え方が、パフォーマンスというキーワードに収斂しながら立ち上がった探求領域である。1980年代後半、ほぼ同時期に複数の研究分野からパフォーマンスというキーワードが浮かび上がったことは決して偶然ではない。解釈的視座の台頭や社会参画を重視する実践的学風の浮上するなか、外部世界をダイナミックで可変的なプロセスとしてとらえ返えそうとする動きが、パフォーマンスというタームへの関心として現れたのである（Conquergood 1991）。

　パフォーマンス研究が問題視しているのは、非常に広範囲に至っている。演劇、舞踊、音楽など、美学的ジャンルはもちろん、Goffmanの日常的パフォーマンス論に加えて、祭祀や公共の儀式、ジェンダーやアイデンティティー論、動物学までかなり幅広い（Schechner 1998: 1）。とくに、アボリジニー、性的マイノリティー、フェミニズムなど、社会運動と積極的な連携を図る実践的研究のなかでパフォーマンスという枠組みがしばしば用いられている。いわゆる「パフォーマンス・ターン」（Denzin 2003）と呼べる状況だ。

　ここでは、パフォーマンスという概念を、ケータイの日常実践をとらえる枠組みとして用いる。すでに述べた通り、モバイル技術のあり方に注目する社会言説に対抗するという文脈で「内部者のアプローチ」を記述するための枠組みとして、である。さらに、パフォーマンスという枠組みを活用することで、必ずしも意図的で意識的行為ではなく、無意識に表出される身ぶりや非言語表現を論じることもできる。ようするに、「ケータイのパフォーマンス」という枠組みを設定することで、「内部者のアプローチ」をとりつつ、使用者さえ気づかない、ケータイが実践される模様をとらえようとするのである。

ケータイを「異化」する：ワークショップ手法の可能性

本書の理論的な位置づけに加えて、第 5 章、第 6 章で用いる実践的研究法についてもふれておきたい。ケータイ研究における「内部者のアプローチ」という戦略を実践するための手口として、ケータイ・ワークショップという活動を活用した。筆者は 2009 年から MoDe（Mobiling & Designing Project）[3] という実践研究プロジェクトにかかわった。ケータイのあり方を探ることを通じて、情報社会にふさわしい新しいメディア・リテラシーの展望を見出そうとする研究プロジェクトであり、研究活動の一環としてさまざまなケータイ・ワークショップを企画、実践していたのである。

ワークショップといえば、モノを作る工作や身体を動かす表現など、さまざまな参加実践を通じて学ぶことを目的に進められる一種の教育プログラムである。MoDe でのケータイ・ワークショップの多くは、参加者が自分のケータイ経験について表現する活動として企画されていた。研究プロジェクトとして MoDe の成果をここで全部紹介することはできないが、そこから出されたケータイをめぐるさまざまな知見は本書の問題意識の下敷きになった（たとえば、MoDe プロジェクト 2005, 2006, 水越編 2007）。

本書は、MoDe で検証されたケータイ・ワークショップの手法を積極的に活用している。先ほど、MoDe のケータイ・ワークショップの多くが、使用者の表現活動によって構成されると述べたが、ケー

---

3 2004 から 2010 年度まで東京大学大学院情報学環の水越伸研究室を中心に進められたモバイル・メディアについての研究プロジェクトである。実践的かつ創造的な観点からモバイル・メディアをとらえ直すことを目的にしており、モバイル・メディアにかかわるさまざまなワークショップを手がけていた。思想的には、歴史社会的な観点から取り組む通時的なアプローチと、比較文化的な観点から取り組む共時的なアプローチを同時に射程に入れていた。2004 年から 2007 年にかけて進められた MoDe 第一期の成果は、『コミュナルなケータイ』と題された論文集（水越編、2007 年）としてまとめられている。筆者は、同プロジェクトの第二期（2008〜2010 年）でメンバーに合流し、研究活動を行った。

タイについての表現活動は、普段は意識しない事柄であるケータイのあり方についてじっくり省察するきっかけを与える。その省察のなかから、ケータイのあり方についての気づきが起こり、普段は透明になってしまって見えがたいケータイのあり方が自ずと浮き彫りになるのだ。

そうした省察作用は、「異化」（verfremdung）と呼ばれる、劇作創作技法法と似ている。「異化」とは、そもそもドイツの劇作家、Bertolt Brechtが磨き上げた創作理論である。伝統的な芝居では現実世界をなるべく同じ形で再現し、「芝居を観ている」という感覚を忘れさせようとする。ところが、わざと反対の戦略をとるときがある。観客に不自然な状況や不思議な場面を意図的に見せることで、「これは芝居だ、これは演技だ」という事実に気づかせる。そうすることによって、むしろ普段は気づかない現実をあらためて意識し、その相方を批判的に見つめる視点をもたせることができる。そうした創作技法を「異化」と呼ぶわけだが、いいかえれば、日常性と非日常性を意図的に置きかえることで、現実世界の自明さを覆す表現戦略であるのだ。

そうした「異化論」は、メディア・リテラシーの有り様を呈する枠組みとして援用されてきた。たとえば、佐藤（1990）や水越（2005）は、マス・メディアについての批判的な理解を高めるためには、メディアによって構築された環境や感覚の自明さを覆す「異化」という省察的思考作用を位置づけた。水越・東京大学情報学環メルプロジェクト編（2009:1）では、「メディアを異化する」ということを、「ごくあたりまえのものとして存立しているかに見えるメディアのあり方をひとまず突き崩してみること、そこからそのさまざまなあり方を思い描いたり、探したりしてみること」と述べる。メディアの自明さを覆して考える経験こそ、メディア・リテラシーを高める重要

な契機であると強調したのである。

　じつは、「内部者のアプローチ」でケータイのあり方をとらえるという作業も、批判的メディア・リテラシーのあり方と深く結びついている。ワークショップの活動を通じて、ふだんはあまり意識しなかったケータイ経験についてあらためて考える。さらにそれを何らかの形で表現をしてみることで、「目の前にあり、当たり前のものになってしまっているケータイを、日ごろとはちがった観点からとらえ、見慣れないものとして批判的に関わっていく」（MoDeプロジェクト2006：12）経験をもつ。「ケータイを異化する」と呼ぶべきその経験こそ、ケータイというメディアについての批判的考え方を育てる入り口であり、一方では「自明な出来事」としてのケータイのあり方を可視化する手口でもある。

第2部

日常性のまなざし

第4章　ケータイのフォークロア

1　「語りの実践」

フォークロアは現代の出来事である

　ケータイには口伝えの奇談や怪談が常につきまとっている。日常生活のなかであまり意識することはないかもしれないが、しかし少し考えてみるだけでも、ケータイに関する、真偽の分からないちょっとした怖い話を思い出すことができる。そうした、現代のうわさ話や奇談などを「都市伝説」と呼ぶ。

　合理性と科学性が現代社会を支える最も重要な特徴であるのはまちがいないが、じつは現代人にちがいない私たちのまわりには、信憑性の欠けたうわさ話や奇談がいくらでもある。ほとんどは荒唐無稽で合理性が欠けた話なので真剣に信じられることはないだろう。しかし信じることはなくても、半信半疑で耳を傾けてみたり、冗談めいた話として誰かに伝えたりする覚えはあるのではなかろうか。

　アメリカの民俗学者の Jan Harold Brunvand は、こうした「都市伝説 urban legend」こそ、「現代社会の最も洗練された「普通の人びと」<folk>—つまり若者、都市生活者、高等教育を受けた人びと—によって語られ、信じられている」(Brunvand 1981= 1988:14-15) フォークロアであると主張した。誰かによって活発に作られ、みんなによって語り継がれている都市伝説は、今もまったく衰退することなく、健在している現代的な現象なのだ。一般に都市伝説は、普通の人びとによって語られ、私的に流布される。文書化されることはほとん

どないし、わざわざ中身の真偽を確かめることもめったにしない。社会言説としての影響力はないが、「語りの実践」としての意味まで過小評価する必要はないだろう。

　Brunvand（前掲書）によれば、昔のフォークロアとはちがって現代の都市伝説はマス・メディアに拾われることを通じて社会的話題に展開される。たとえば、街に漂う奇談やうわさをテレビ番組が拾って素材に取り上げたことで社会的話題になったり、さらにそうした話が映画や小説の素材に展開したりすることがしばしばある（石井2010）。

　都市伝説が流通される回路も多様化している。昔のフォークロアは、小規模の共同体を中心に口伝えのみで広がっていた。現在は都市伝説が最も活発に流布されるルートはインターネットだろう。インターネットは、文字や画像、動画などの記録性が高い情報が蓄積されていく空間なので、一見口承文化とは無縁だと思われがちである。しかし、カジュアルな話し言葉による表現が最も好まれ、速やかに共有・伝播される文化が存在するという意味では「二次的な声の文化」（Ong 1982=2007）が営まれる空間でもある。情報の流布構造としては完璧な検閲・制限が不可能であり、ほぼ無限大にコンテンツが複製・再流布できる。都市伝説のようなたぐいの言説が広まるのには最適な条件が整えられているといえよう。実際にインターネットにはさまざまな奇談や怪談がたくさん集まっており、現代のフォークロアの「盛り場」だといっても過言ではない。

「語りの実践」としてのケータイ都市伝説

　以上の認識を確認したうえで、本章は「語りの実践」としてケータイ都市伝説を吟味してゆきたい。やり方は二通りである。まずは、ケータイの登場以前にあった電話や携帯電話初期頃のうわさ話と怪

談などについて歴史的に検討する。さかのぼって「語りの実践」の歴史的姿を見ることによって、現代のフォークロアの意味合いをもっと明確に捕まえることができよう。続いては現代のケータイの都市伝説について検討を進める。まずはケータイについての都市伝説には実際どのようなものが存在し、どのように広がっているのかを探る。さらに、それが「語りの実践」としてどのような意味をもつのかについて述べる。

　ようするに本章は、日常のなかでのケータイのあり方をとらえるため、ちょっとちがう角度から言説を取り上げようとするのだ。ケータイ都市伝説が本当なのか否か、さらに、いつ誰によって述べられたのかという中身の信憑性を問うのではなく、それが絶えずに作られ、語られ、広める「語りの実践」の実在性とその意味合いを問いたい。それは、いうまでもなく、ケータイの日常的あり方を浮き彫りにさせるための手口として、である。

2　普及初期の電話・携帯電話に関するうわさ

電話の始まり

　アメリカのアレクサンダー・グラハム・ベルによって電話が発明されたのは1876年。それから2年後日本でも初めての電話実験が行われる。ベル研究室から輸入された電話機2台を参考に作った模造電話機を使ってのことだった。じつは、アメリカ以外の国へ電話機が輸出されるのは日本が最初だった。明治政府は、電気、電信に続く近代文物として電話の重要性を熟知しており、積極的に国内に導入しようと仕掛けていたのである。

一般向けの電話が開通したのは1890年である。1889年、電話開通の直前に、電話事業の主務部署の責任者である工務局長が講談会を開き、電話を使う利点について力説したという記録もある。電話の効用について、第一、商業取引が活発化される、第二、直接的な商売によらずにも得意を増す、第三、召使の人数を減らせる、第四、火災盗難の予防になる、第五、急病になっても不時の命をおとさずにすむ、第六、交際が広くなるなどが、詳細に説明されたという（東京電信通信局　1958:44）。電話の主な加入者は、会社や商店であり、電話は仕事場で使うものだったようである。それは単に電話に対する大衆的認識の問題だけでなく、設置や使用にかかる費用が決して安くなく、個人や家庭で加入するにはなかなか手が出ないものだったこととも関係があると考えられる。

　遠方にいる人の声を伝える新しい仕組みに対して、最初人びとが大いに違和感を感じたことは容易に想像できるが、しかし、電気や電信が普及初期に混乱を呼び起こした（月尾ら 2001:59）こととはちがって電話は明治政府の庇護の下、比較的順調に普及していった（渡辺 1958：255）。

　電話を通じて伝播する病気

　明治末期、電話が開通して間もないあいだ、街にコレラが流行したが、電話がコレラ菌を運びちらすのであるというような流言が飛び、加入者を恐怖させた。人によっては電話のベルが鳴ると悲鳴をあげて逃げ出すということもあった。また1891年（明治24年）に議事堂が漏電のため焼失したが、電話も電気の力を利用するものだから、自ら火を発することはないか、問い合わせが殺到したということである。（渡辺 1958:257）

電話の初期普及過程を記述した『東京の電話・上』(東京電信通信局編 1958:46) にも、電話がコレラを伝播するという奇談についての話が出る。電話によって病気が伝わるといううわさが、新規加入の妨げになっていたそうである。いつまでこうしたうわさが続いたのかという点は不明であるが、この時期に電話と疫病や火事が結びついた不吉な想像力が働いていたということは確かだ (松田 1996)。

　電話に関わる不吉な想像力は、当時の文学作品にも現れている。当時有力な知識人であり、探偵小説の作家としても活躍した夢野久作は、作品に電話に関わる奇怪な物語をしばしば登場させている。たとえば、『鉄槌』(1929 年) は、電話によって狂っていく人間を描いている。主人公の少年は電話が大好きであり、その魔力に近い魅力にはまってゆく。次第に彼は受話器の向こうにある情報が言われなくても自然に伝えられてしまうという神秘的な能力をさずかるようになる。彼は電話を通した予知能力を使って金持ちになり、叔父の愛人と交際するなど欲するものを次々と手に入れていく。と同時に悪魔的な心を培ってゆき、叔父を毒殺し、愛人も自殺させてしまう。電話から情報を得る特殊な能力を持ってしまったがゆえに、主人公は悪魔のように狂っていく自分と対面することになる。主人公の運命のすべてを握っていた鍵とは「魔性の電話」なわけだった。

　他に『何んでも無い』(連作小説『少女地獄』の一編、1934 年) や『女坑主』(1936 年) という作品でも、「人を狂わせる」道具として電話が描かれている。田畑 (2004) は、夢野の作品のなかの電話のネガティブなイメージについて、社会のなかに広がっていく電話コミュニケーションに一種の「虚構性」を感じとった結果であると分析した。便利な近代文明を代表するものとして電話は、堅固に管理されている国家装置でもあったのだが、しかし、そのイメージは、必ずしも明るいものでもなく、急速な社会変化に対する漠然とした心配

や違和感が混ざりこんだ複雑なものだったのである。

「携帯電話でガンになる」

一方、1990年代半ばには「携帯電話の電磁波でガンになる」といううわさが広がったことがある。日本で携帯電話の商用サービスは1980年代に正式にスタートし、1990年代半ばに爆発的に伸びはじめた。ちょうどその成長期に「携帯電話から出る電磁波が身体に危害を与える」といううわさが流された。それはしだいに「携帯電話でガンになる」という具体的な話にエスカレートし、医療誌が素材として取り上げたり、マス・メディアの報道番組がその真偽を検証したり、社会的に問題視されるレベルまでヒートアップした。

「携帯電話でガンになる」と話も新しい通信手段を通じて疫病が広がる話である。コレラはガンになっただけで、電話初期の「電話でコレラが移る」という話とナラティブの構造が同じであろう。松田（1996）は、両言説が共に通信メディアと病気の関係性を語っていると前提したうえ、電話と携帯電話がそれぞれ結びつけられた病気のイメージを比較した。コレラは、空気を通じて外部から感染する病気である。それは電話でつながっている外部の場所に対する漠然とした恐怖や違和感が反映された結果であると分析した。それに対してガンは人体のなかから発病する。それに対する違和感は、外部に対する恐怖というより、個人と個人をばらばらにつなげるというイメージにより近く、個人メディアとしての携帯電話のあり方と容易に結びついたということである。

「携帯電話でガンになる」という話は、同時期の電気機器についてのうわさや怪談に並列して考えることができる。「テレビから放射線が出るので真正面から見るのは危険である。テレビは必ずななめから見るべき」という話や「マッキントッシュのパソコンのハー

ドのなかでゴキブリが感電して死んだ」という話、「神経質な人は素手でコピーをとってはいけない。コピー機のそばにゴム手袋を用意しておく」等々、電気機器を取り上げてさまざまな怪談が存在していた（近藤ら 1995）。1990 年代は、PC やコピー機、携帯電話など、いわば「ニューメディア」が人びとの日常生活に浸透しはじめた時期である。バラ色の情報社会を華々しく語る「ニューメディア」言説の裏舞台では、それらを、日常生活を脅かす存在として見なす「語りの実践」がなされていたということが分かる。

3　ケータイの都市伝説

　明治末期の電話についての怪談、1990 年代半ばの携帯電話が広がった時期は、両方ともにメディアが大衆的に普及されていたという共通点がある。明治末期の電話も、1990 年代半ばの携帯電話も、当時は新しいメディアだった。モノは広がったとはいえ、その存在はまだ新しく感じられ、不安感と違和感を起こす存在だったといえよう。うわさや怪談は、その社会文化的状況のなかでこそ感じられたメディアの新しさに向けられていたものだっただろう。当時のリアリティーとしてメディアの非日常性に関わる「語りの実践」として位置づけることもできる。

　ところが、ケータイの都市伝説もそうなのか。いまやケータイは日常生活のなかで当たり前の存在であり、ケータイについて不安感や違和感を抱く人はまったくないと言ってもよいだろう。むしろ、その普通さのあまりに浮上した「自明な出来事」としてのケータイのあり方こそ、本書の一貫する問題意識である。昨今のケータイは、

明治末期の電話や1990年代の携帯電話とはまったく異なる文脈に置かれている。「語りの実践」としてケータイ都市伝説の意味合いはどのように変わるのか。

ケータイ都市伝説の類型

　ケータイが登場する都市伝説にはいろんな種類がある。さまざまなケータイの都市伝説を紹介しながら、その典型的な内容パターンを見てゆきたい。

　まず、ケータイを通じて死者から連絡が来るというモティーフ[1]に基づいているパターンがある。死者からの連絡が来るということだけでも十分奇怪であるが、さらに、犯罪だったり、未来の予告だったりするモティーフで潤色され、もっと怖い話に出来上がる。次の「沙羅メール」という話は、一時期に複数のインターネット掲示板を中心に広まった都市伝説である。

　　"沙羅メール"という聞きなれないワードがある。なんとも、死者からメールが来る都市伝説のことらしい。
　「沙羅という大人しい女子高生が、ちょっとした寂しさから出会い系にハマり、自分の裸の写真などを相手に送っていたのですが、まちがって送信しクラスメートのあいだに広まってしまったのです。それから、彼女の痴態は学校中に広まり、いじめられるようになってしばらくして自殺しました。ところが、彼女からメールが届くのですよ、いじめていた子達に……メールにはエロい格好をして、満面の笑みの彼女の画像が添付されています。メールを受け取った子達は、何かのまちがいやいたずらだと思い、アドレスを着信拒否にしたりするのですが、気味の悪いことに次から次へと沙羅からのメールが届くので

す。」(怪談ライター)

　いろんなパターンがあるそうだが、大元は実話ということらしい。

「さすがの彼ら彼女達、いじめていた子達も恐怖におびえるようになります。ある日、学校で……一人の女の子が『ぎゃあー』と悲鳴を上げて、新しく買ったばかりの携帯を落として震えて泣いています。仲間がその添付画像を見てみると、手首のない沙羅が裸で血まみれになって笑っている画像だったといいます。そう、沙羅は風呂場で手首を切って出血多量で死んだのでした……。それからも、沙羅メールは止まることなく、昼となく夜となく……。結局いじめっ子達の何人かは、気が狂ったそうです」(同)

(リアルライブの「噂の深層　死者から来るメールの都市伝説」2011 年 10 月 19 日掲載から引用[2])

　こうした都市伝説は、いわば学校怪談という部類の話としては典型的である。ケータイを通じて死んだ友だちから連絡が来るという骨格はユニークかもしれないが、いじめ、自殺、出会い系サイト、10 代妊娠など、学校問題として頻繁にとらえられるモティーフが加えられている。こうした話はだいたい学校犯罪の被害者が加害者を懲罰するという話で結論づけられる。勧善懲悪のナラティブも、

1　フォークロア研究におけるモティーフ (motif) という概念については、Brunvand (1981=1988) の訳者によっての付加された説明による。つまり、モティーフとは、『伝統的な説話の最小構成単位。説話の登場人物、行為、できごとなどがモティーフを分節する際の基準となっているが、(中略) 説話を分類整理するための指標というより、人間の想像力の具体的な表われのインデックスとして見たとき、ひとつの可能性を示してくれる』(前掲書：15)。

2　http://npn.co.jp/article/detail/84387247/、2012 年 1 月 15 日アクセス。

学校奇談と共通である常連の主題である。
　ケータイと死を結びつける話として、ケータイを通じてくるメールで死に至るというモティーフもよく登場する。

> こんな都市伝説があるという。ある日突然、謎のメールが送られてくるのだ。送り主の少々名前も変わっている。
> だらり様。
> そう記されている。「だらり様」とは誰なのか？　不思議に思い、その文面を読むと、恐怖に凍り付いてしまうのだ。
> 「おまえは、あと30日いないに死ぬ」
> 強がってメールを削除しても無駄なのだ。それから毎日、死のカウントダウンメールが送られてくる。一日ずつ段々と減っていく。あと残すところ1日となったとき、恐怖のあまり多くの人が精神のバランスを崩したり、自殺したりするという噂である。（『最恐「ケータイ」都市伝説』188〜189頁から）

　こうした話に悪者は登場しない。しかし、ケータイを通じて謎の連絡を受けつづけた人が死んでしまうという話には、自分にもそうした不運がやってくるかもしれないという想像を呼びおこし、さらなる恐怖心をもたせる。

> （前略）そのときだった。車のなかにケイタイ電話の着メロがながれた。
> 「電話だ！」
> 浩史は、自分のケイタイ電話をだそうとして、まてよ、とおもった。
> （おれのケイタイ、着メロなんかつかってなかったじゃない

か)

　だが、着メロはなおもなりつづけている。車には自分以外にはいないはずだし、いったいどこでなっているんだ。ひょっとして、車のなかにだれかのわすれもののケイタイでもあるのかな、とおもった。
　そのとき、着メロがやんだ。
　だが、浩史はたしかめてみようと、いつもとおる住宅地の公園わきに車をとめた。
　もちろん後部座席に人はいないし、おきわすれのケイタイもなかった。
　助手席においてあるカバンのなかのケイタイをたしかめてみるが、着信記録はない。ねんのため着信音をならしてみたが、やはりいつものピ、ピ、ピ、ピ、ピとなっている。(後略)(『ケイタイ電話レストラン』52〜54頁から)

　着信音に関する話には、いくつかのヴァージョンがある。「自分が設定してない着信音が鳴る」というヴァージョンが典型的だが、ほかに「おもちゃのケータイなのに着信が来た」、「電波が届いていない状況で着信が来る」などもある。このような話は、ちょっとしたイタズラのようにも聞こえるが、よく咀嚼したらぞっとする感覚をもたせる。
　ちょっと変わったパターンとして、ケータイから怪物、妖怪、幽霊などが直接やってくるという話がある。次の話は、学校怪談にしばしば登場する「霊的なもの(しばしば妖怪)を呼び出す儀式」がモティーフとして使われている。

　ある日、高校生のKは友達と怪人アンサーを呼ぶ儀式を行い

ました。儀式の方法は携帯電話を 10 個、円状に並べ、隣の携帯に同時にかけるというものです。もちろん、普通ならばそんなことをしてすべて通話中になるだけなのですが、一つだけつながる電話があり、そして、そのつながった先の人物はどんな質問に 9 つまで答えてくれるのです。

しかし 10 回目は逆に質問されます。そして、その質問に即座に答えないと携帯電話から怪人アンサーが現れ、身体の一部を持っていってしまうのです。

此の話を知っていた K とその仲間たちは、遊び感覚でやってみることにしました。そして、同時に隣の人の携帯に電話していきます。すると、なんと K の携帯だけが本当につながってしまったのです。

K は、始めに本物かどうか確かめるために、自分しか知らないであろう両親の誕生日を尋ねました。すると、生年月日を即答します。そして、2 つめに「あなたはアンサーですか」と尋ねると、「はい」と答えが返ってきました。

それから、友人たちは自分の訊きたいことを K に告げ、順番に質問に答えてもらいました。そして、ついに 9 つの質問を終え、怪人アンサーが質問してきました。質問はとても簡単なものでした。

「あなたの生年月日はいつですか？」

しかし、K は恐怖で戸惑ってしまい、一瞬躊躇してしまったのです。そのとき！突然携帯から一本の腕が出てきて K の腕をもぎとっていきました。その後、K は救急車で病院に運ばれて、幸いにも一命を取りとめましたが発狂してしまい、今は精神病院で自分の誕生日をつぶやき続けているそうです。（『携帯都市伝説』14-17 頁から）

都市伝説には、出来事の場所や情報提供者の詳細情報を提示することで信憑性を与える内容がよくつく。たとえば、「〇〇市にある女子高校で」とか「友達の友達が実際に見た」のように、具体性があってもぼんやりした情報を提供するパターンが多い。ケータイという素材の特徴を活かし、電話番号を特定しているものもある。たとえば、次のような怪談がある。

　　ドコモのケータイを持ってる人は、試してみて下さい。やり方は簡単です。「１１１１」とダイヤルするだけです。「発信試験を行っています」というガイダンスが流れたら、電話を切って下さい。少しすると、「通知不可能」という相手から、電話がかかってきます。(……)「通知不可能」から電話がかかってくると、ガイダンスではない音声が聞こえるのです。それはお経であったり、うめき声であったり、爪を引っ掻く音であったりします。霊的な存在が、無機質な着信を利用してその存在を知らしめようとする音です。運が良ければ、あなたにも聞こえるかもしれません。(ホラー物を乗せたインターネット・サイトから引用[3])

　通信会社によって行われる「着信実験」についての話だが、通信会社の名前も具体的に示されており、いかにも真実のように思わせる。このような話は、すべての通信社に対して存在し、通信社別に怪しいとされる電話番号も特定されている。電話番号が特定されている場合は、「実際にやってみた」という体験談がさらに広まる。

3　http://horror.4.tool.ms/185/、2012年1月21日アクセス。

【図．動画サイトに共有された「呪われた電話番号へかけてみた」実験報告[4)]】

インターネットで広がっていた「呪われた電話番号」についての都市伝説に導かれて実践してみたという話がまたインターネット上にアップされる。「0X0-4444-4444」という番号に電話をかけると、「幽霊の声が聞こえる」「雑音のなかから冥界の音が聞こえる」「サダコ[5)]の声が聞こえる」などの報告が実際に見つかるのである。【図】

電話番号を特定して挙げることで、話はより具体的に発展しやすい。次のような話もある。

> Vladimir Grashnov さんはがんで死亡しました。
> 放射性中毒で罹った疑いあり。
> Konstantin Dimitrov さんはデート中に暗殺されました。
> Konstantin Dishliev さんは昼ごはんのとき射殺されました。
> この3人に共通しているのは、携帯電話の番号です。
> その禍々しい凶数は「0888 888 xxx」。
> 1番目の所有者 Grashnov さんは携帯電話会社 CEO。番号は自分の会社が発行したものです。
> 2番目の所有者 Dimitrov さんは麻薬密輸マフィアのドン。
> 3番目の所有者 Dishliev さんは不動産経営者でコカインの運び

屋がサイドビジネスです。

なぜ揃いも揃って若くして非業の死を遂げたのか？　理由はわかりません。わからないんだけど、いわくつきと知りながら発行して万が一そのお客様まで死んでしまったら、取り返しつきませんよね。ここは迷信と笑われても、できるだけのことをしなくては。

というわけで、ブルガリアの携帯電話会社 Mobitel はこの番号を登録抹消しました。(GIZMODO の「ニュース、携帯電話」項目のニュース　「呪われた電話番号「0888 888 xxx」。持ち主が次々変死」2010 年 6 月 11 日掲載から引用[6]）

　この話の発信源とされる英文の記事[7]にはブルガリアの通信会社の担当者からの「個別番号の事情についてはノーコメントだ」という発言も紹介されている。モバイル・メディアについての怪談や都市伝説が国境を超えて広がることはしばしばある。日本のものが他の地域や文化圏に伝わるものもあれば、海外の都市伝説が翻訳されて伝わることも見られる。

国境を超える都市伝説

　日本のみならず、ほかの地域にもモバイル・メディアは都市伝説の素材になることが多いようである。Katz（2006）は、現代のモバ

4　左側は、「不思議と謎の大冒険」と題したブログに掲載された記事内の画像であり、動画へのリンク先はすでに削除されたため、実際にどのような実験を行われていたのかについては知らない。リンク先は、http://karapaia.livedoor.biz/archives/51399578.htm。一方、右側は、実際に呪われた番号に電話をかける場面を動画で撮影した人が直接に公開したと見られる。リンク先は http://youtu.be/kiQvXRadQd4。両方ともに、2012 年 1 月 15 日アクセス。

5　大ヒットのホラー映画『リング』に登場する幽霊の名前である。

6　http://www.gizmodo.jp/2010/06/0888_888_888.html、2012 年 1 月 15 日アクセス。

7　http://www.whatsonxiamen.com/news12387.html、2012 年 1 月 15 日アクセス。

イル・メディアとのつきあいのなかでスピリチュアリズムは衰退したわけでなく、むしろ日々活発になりつつあると指摘し、モバイル・メディアの宗教的、信仰的なあり方をもっと探る必要があると主張した。

技術先進国ではないものの、モバイル・メディアの日常的普及が比較的早かった東南アジア地域で、モバイル・メディアの都市伝説についての報告を見つけることもできる。たとえば、Barendregt and Pertierra（2008）は、フィリピンやインドネシアのモバイル・メディアをめぐるスピリチュアルな言説例をいくつか紹介している。

その論文に紹介されたフィリピンの事例は、スピリチュアリズムを専門にしているあるライターが 2006 年 1 月に日刊紙のフィリピン・デイリー・インクァイアラーに投稿したコラムである。ある男性より、死んだ彼女からテキスト・メッセージが届いているという相談を受けた。彼女とはそもそもテキスト・メッセージを通して知り合った関係だったが、あの彼女が不慮の事故で亡くなってしまった。ところが、葬式の後にも彼女の番号よりテキスト・メセージが届く。対話をする場合もあり、彼女は「私は死んでいないよ」ともいうらしい。コラムは、大事な人の死を受け止める必要があるという、あまりにももっともなアドバイスで終わってしまったようだが、紹介された話自体は、死者から連絡が来るという典型的な都市伝説だといってもいいだろう。

さらに、インドネシアの事例としては、ジャワ島の地域新聞に掲載された、呪われた電話番号について記事を紹介されている。記事によれば、かなりの数の地域住民に「0812838xxxx」という番号に電話をかけたら幽霊の声が聞こえるという勧誘メッセージが届いた。実際、その番号に電話をかけた人たちが何人もいたが、向こう

から女性が叫んだり笑ったりする怖い声が聞こえたという報告が相次いだそうである。地元ではその声は出産中に死んだ「クンティラナック」という女性のものとうわさされている。(Barendregt and Pertierra 前掲書: 383)。

インドネシアやフィリピンといえば、IT 先進国というイメージはないかもしれないが、島で成り立った国であり、1990 年代からケータイの普及が早まっていた。いまや日本と並んでケータイの普及率が高い地域であり、音声通話よりも文字のやりとりが活発な使用パターンなど、日本と共通点も多い。死者からメールが届いたり、電話をかけると幽霊が答える怪しい電話番号だったりする怪談は、話が流布される文脈や些細な設定は異なるものの、日本で出回る都市伝説とモティーフが同じである。

ホラー映画のなかのケータイ

都市伝説とマス・メディアは、相互協力的な関係である(Brunvand (1984=1990)。新聞など社会的責任が重いジャーナリズムが、都市伝説の内容を報道することはめったにない。しかし事実だけを取りあげなければならない硬性記事ではなく、編集者への手紙、人生相談など、軟性記事のなかで、街の奇談や怪談がちょっとした話題として紹介されることはある。前項で紹介したフィリピンやインドネシアの都市伝説も、新聞というマス・メディアを通じてさらに流布されるパターンであった。一方、テレビ番組にも、トークショーやバラエティのようにゴシップ性の強いうわさ話を取りあげるものがある。ただのゴシップとして都市伝説を紹介することは大した問題にならない。マス・メディアの素材に登場することを通じて、都市伝説には「新聞で読みましたよ」、「テレビで見ましたよ」という言明がつけられ、大きな話題になることがある。日本でも、スピリ

チュアル系の素材がマス・メディアに登場することが目立ってきている。都市伝説を取りあげるテレビのバラエティ番組などが確実に増えてきている（石井 2010）。

　とくにケータイの都市伝説の場合は、ホラー映画やホラー小説など、いわばホラー系の大衆メディアのなかで頻繁に素材化される。ケータイの都市伝説が先に存在し、それを大衆メディアが拾いあげたのか、あるいは、大衆メディアの素材になったことを受けてケータイの都市伝説が作り出されたのかという点は明白ではない。ただし、街にただよっている都市伝説や怪談が、ホラー映画やホラー小説の素材として積極的に採択されているということは事実なのだ（鷲谷 2008:202）。都市伝説や怪談と呼ばれるたぐいの口伝えの言説を求める大衆の欲望が存在し、映画や小説など娯楽的なメディアを通して複製、伝播されているということはいえよう。

　メディアそのものが怪異や恐怖の根源たるものとして描かれる傾向も目立ってきている。その中心には、商業的に大きな成功をおさめた、映画『リング』（中田秀夫監督、1998 年作）がある（鷲谷：前掲書）。同名の小説原作を映画化したこの映画は、いわば「Jホラー」と呼ばれるジャンルの成立にも決定的な影響を与えた。『リング』では、ビデオ、電話、写真などさまざまなメディアが、死者の「呪い」を媒介する要素になる。日常生活のあらゆるメディアに「呪い」がかかわっているというモティーフを通じて、現代社会の至るところに恐怖が遍在する状況を作り出したのである。この新しい着想が、その後のホラー映画の着想に多大な影響を与えていることはいうまでもない。

　『リング』では、ビデオが死者の「呪い」を不特定多数に伝播しているのに対して、『着信アリ』（三池崇史監督、2004 年作）ではケータイがその役割を担う。同名のホラー小説（秋元康、角川書店、2003 年）

を映画化した『着信アリ』は、ケータイを通して不吉な死の予告が運ばれ、その連絡を受けた人物は予告通りに次々と死んでゆくという内容である。ビデオからケータイに媒介役が変わっただけで、メディアを通して「呪い」が運ばれるという基本的なモティーフは『リング』と同じである。

　その「呪い」の媒介役としてのケータイは、ビデオよりもさらなる恐怖の効果をもたらす。常に身近に持ち歩いているケータイを通じて運ばれる「呪い」は、自分しか受けとることができない。ケータイで死の予告を受けた人にとって、他人はまったく助けにならないのだ。その「呪い」が襲ってくる場所も、一般的なホラー物で典型的な舞台とされる密室空間でなく、友人との対話の途中やテレビ番組の生放送中など、他人に全面的に公開されている場所や状況である。完全に公開、共有されている空間のなかでも独りだけの恐怖にせめられ、死をむかえてしまう。ケータイはもっとも身近な道具であり、誰とも共有しないパーソナルなものである。だからそこから起き上がって襲ってくる「呪い」の話は、誰をもぞっとさせるのだ。

4　「語りの実践」としてのケータイ都市伝説

ケータイが運ぶ恐怖の正体
　ここまで見てきたケータイの都市伝説は、ケータイという素材によって現代的な響きをきかせてあるにもかかわらず、これまでの怪談、奇談、さまざまな不思議話で聞き慣れているたぐいの話だっただろう。登場人物や舞台設定は異なるが、これらの都市伝説がまっ

たく新しい話として感じられず、前に一度は聞いたような気がするのはそのためである。

たとえば、「沙羅メール」は、被害者が加害者を懲罰するという勧善懲悪のテーマに、ケータイを登場させてちょっとしたひねりをかけているものの、いじめにあって自殺したという典型的な学校怪談である。都市伝説には、何らかの対象に対する露骨な警告のメッセージを伝えるものが多く、結局既存の道徳や規範を強化するという主張で落ち着くパターンが典型的だ（Brunvand 1981=1988:34）。ケータイの都市伝説もそうした典型に忠実に従っているため、特定はできなくても、どこかで耳にしたことがあるような話に聞こえる。民俗学者の常光（1993）は、うわさ話や怪談というたぐいの物語に対する関心というのは、時代背景によって変わらない性質のものだと述べる。各々の話の様相は、時代によって少しずつ変わってきているものの、昔の話から完全に異質なものに変質されることはあまりなく、そうした意味では延々と継承されていくものだというのだ。

一方、都市伝説には常連の素材がある。たとえば、車、トイレ、悪い天候などのモティーフは、学校怪談や怪談などに頻繁に登場する。これらの素材は、恐怖や違和感を力強くアピールし、恐怖を増幅させる役割を果たす。ケータイの都市伝説では、ケータイがそうした役割を担っている。ケータイが「呪い」そのものであったり、ケータイのメール、着信音、通話などを通じて「呪い」が伝えられたりする。ケータイはひたすら個人に属するものであるため、ケータイを絡ませることで「独りぼっち」という状況を容易に作りあげる。そうした状況を想像させることで聞き手に恐怖心や違和感を効果的に持たせるのだ。そうした意味では、ケータイは、現代ならではの恐怖の根源であるといえよう。

では、ケータイが作りあげる恐怖の正体は何なのだろうか。第一の前提条件は、ケータイが現代人にとってもっとも現実的なものであるという点だろう。ケータイは、個人の日常に深くかかわり、日々を過ごすために欠かせない道具である。日常にすっかりとけこんだものであるがゆえに、そのなかに宿る「呪い」は、人の生活の全面にふりかかってくる恐怖になるのだ。ケータイを通じてかかってくる恐怖と闘えるのは、自分一人しかいない。だから映画『着信アリ』で活写された「呪い」は実に絶望的である。ようするに、ケータイの日常性こそ、恐怖の遍在性を作り上げる怖さの機制になるわけだ。

　ケータイの都市伝説は、生活のなかに深くまで入り込んでいるケータイを、わざわざ奇異な出来事に絡ませることで、日常を襲う恐怖に置きかえる。いいかえれば、あまりにも日常なものになってしまったケータイを非日常的な話のネタにすることで、その日常性を意図的に壊そうとしているのだ。「語りの実践」としてケータイの都市伝説が狙っているところは、ケータイの日常性をわざわざ覆す、ということではなかろうか。

日常性に対抗する「語りの実践」

　本節の冒頭で述べた問いに戻りたい。昔の電話や携帯電話についてのうわさや奇談と、昨今のケータイ都市伝説の意味にもどのような差異があるのか。両方ともに内容が合理性に欠けており、通信メディアに対して何かしらの不吉かつ恐怖を抱えた想像を働かせているという点では同じである。昔の電話・携帯電話についてのうわさ話は、新しいメディアに対する慣れない感覚や違和感、なんとなく感じる不安を表したものだった。それは、電話・携帯電話が新しく登場した時代性を反映し、メディアの新規性、非日常性に対して反

応する実践としてとらえることができる。

　ところが、現代の都市伝説はどうなのか。もはや日常の隅々まで浸透しているケータイに新しさを感じることはない。ケータイの都市伝説のナラティブは、ケータイの新しいあり方に対する違和感ではなく、むしろその陳腐でつまらないモノに退屈する感覚が表れている。何も特別に感じることのないケータイに、遊び感覚めいた虚構の話を結びつけ、その日常性をわざと壊そうとする構造の話なのだ。ようするに、同じく都市伝説とはいえ、そのナラティブの構造から見た場合、昔の電話や携帯電話のうわさはメディアの非日常性に反応し、違和感を表現する内容となっていることに対して、ケータイの都市伝説はケータイの日常性に反応し、生活のなかに深く染みこんでしまったあり方をあらためて気づかせる内容なのだ。

　すなわち、「語りの実践」として両方は、異なる文脈をもっている。昔のナラティブがメディアの新規性、非日常性を取りあげる実践だとしたら、今のナラティブはケータイの日常性に触れる実践だといえよう。「語りの実践」としてケータイの都市伝説は、日常すぎて退屈なものになってしまったケータイのあり方を表している現象として理解することもできる。さらにいえば、ケータイの都市伝説の存在こそ、昨今のケータイの日常的なあり方にかかわる現象として読み返すことができるのだ。

　ケータイの都市伝説は、技術のあり方を語る社会的言説としての正当性を得ていない。虚構の中身についての評価ばかりが重視され、子ども遊びのようなものとして過小評価されたり、根拠のない情報を流布する行為として見なされたりしがちである。ところが、そのような評価以前の問題として、ケータイの都市伝説が存在し、活発に実践されているということは事実だろう。一つの「語りの実践」として文化的意味をもっているということをしっかり受けとめ

る必要があるだろう。

第5章　ケータイのものがたり

1　ケータイを語る

ケータイのストーリーテリング

「ケータイ・ストーリーテリング」とは、ケータイについて語るという、ごく簡単な活動である。ケータイについて語る機会はめったにない。ケータイは普段「語るための手段」であり、「語るための素材」ではないからだ。

ここでは、「ケータイについて語る」活動のさまざまなヴァージョンを「ケータイ・ストーリーテリング」と総称する。「物語、物語る」という言葉の代わりに、「ストーリーテリング」という表記を用いたのは、その活動を世界各地で進められている「デジタル・ストーリーテリング」（digital storytelling）と接続させることで、実践としての可能性を広げるためである。

「デジタル・ストーリーテリング」という実践活動が関心を集めるようになったのは、1990年代以降である。1998年、アメリカ西海岸のバークレで、「デジタル・ストーリーテリング」と呼ばれる一般向けのワークショップ（以下はWS）を提供しながら、デジタル・メディアを積極的に活用する市民表現活動の拠点になることを目的にする「センター・フォー・デジタル・ストーリーテリング」（Center for digital storytelling）[1]が発足した。「デジタル」が付いていることからも容易に想像できるように、その直接的なきっかけは、デジタル・メディアとインターネットの発達だった。WSは、デジ

タル・メディアを活用したコンテンツの制作実習プログラムとして構成され、具体的にはパソコンやカメラを回し、短い作品を制作、発表するという流れのものだった。今の感覚ではビデオ・カメラを回したり、パソコンを使って簡単な編集を行ったりすることが簡単だと思われるのだが、1990年代半ばにはプロではない普通の人びとが、写真や動画作品を自ら制作するという実践はまれなことだった。

「デジタル・ストーリーテリング」という実践は、市民の自発的で能動的な表現活動を促すことで、情報の流通回路を多様化し、メディアの送り手の意図ばかりで情報が流される社会的状況を改善したいという考え方に基づいていた。マス・メディアが社会的に必要な情報を流通させる重要な役割を遂げているというのは否定できない。しかし少数の専門的な送り手によって生産される情報が、圧倒的多数の受け手にまき散らされる状況は、意図せずとも情報が偏向したり、多様性を欠如してしまったりする結果をもたらす。それに対して「デジタル・ストーリーテリング」は、たんに表現実践を促す活動というよりは、マス・メディアに独占されている情報流通のあり方を多様化、民主化しようとする社会運動としても理解された（Couldry 2008）。

そうした問題意識を受け継ぎ、アメリカ西海岸のみならずさまざまな地域において、市民運動家や研究者たちによって「デジタル・ストーリーテリング」活動が進められている。日本でもこうした実

---

1 「センター・フォー・デジタル・ストーリーテリング」の活動は、今も活発に続いており、いわゆる「デジタル・ストーリーテリング」と呼ぶ活動の世界的な求心力として役割も果たしている。さらに現在は「デジタル・ストーリーテリング」WSを実施することができるファシリテーターを育成することにも力を入れている。近年はセンターの肥大化による課題を指摘する声もある。とりわけWSの募集、運営が商業的な目的に傾いてしまったのではないかという批判も出ている。センターの活動と展望については、Lambert（2002）とセンターのウェブページ、http://www.storycenter.org を参照した。

践活動が進められており、いわゆる日本型のデジタル・ストーリーテリング実践を掲げている「メディア・コンテ」[2]（小川 2010, 小川ら 2010）などが注目に値する。

ケータイの自己記述

「ケータイ・ストーリーテリング」も、普通の人びとの表現を促すという意味で、「デジタル・ストーリーテリング」と問題意識を共有しており、広義ではその一環として位置づけることもできる。しかし、ここでは「ケータイ・ストーリーテリング」活動の教育プログラムとしての意義より、研究の問いを探求する方法論として評価したい。「ケータイ・ストーリーテリング」は、ケータイについて自己記述の実践である。その内容は、きわめて個人的文脈の出来事だったり、私的な思い出だったりするが、きわめてパーソナルでいつも身体に密着しているケータイのあり方をとらえるためには、そうした中身こそ重要な材料として考える必要がある。私的な経験に基づいているため、めったに語られることがなく、日常的すぎるため、使っていることすら気づかなくなる。ケータイを可視化する機制としてケータイの自己記述を用いるということである。

伝統的なメディア研究では、個人記述や私的記録など「非公式的」な資料は、統計調査の結果や企業・機関の記録といった「公式的」な資料と同等に取り扱うべきではないという見方がある。自伝や伝記など個人のパーソナルな記録物を研究対象として取り上げるライフヒストリー手法（Langness & Frank 1981=1993）や、口述に基づいて

---

2 「メディアコンテ」プロジェクトは、日本発の本格的な「デジタル・ストーリーテリング」プログラムである。「メディアコンテ」は、「デジタル・ストーリーテリング」活動に、WS参加者のあいだの対話と、ゲーム的な遊びの要素を入れ込んでいるのが特徴的であり、単なるメディア表現活動より、幅広く活用されるようにデザインされている。プロジェクトの詳細と、これまで制作された作品は、「メディアコンテ」のウェブサイトを参照した。
http://mediaconte.net

歴史資料を集めるオーラル・ヒストリー手法（Thompson 1978=2002）のように「非公式的」な「個人記述」を調査分析の対象に取り上げる手法が一定ていどは存在する。しかし普通の実証研究においては、私的な口述や記録は、分析の主な対象というよりは、分析結果を裏づける補完資料に位置づけることが一般的であろう。

　ところが、第三章で述べた解析的視座では私的でヴァナキュラーな自己記述を文化記述の一方法として位置づけようとする努力もなされてきている。Denzin（2003）は、「オート・エスノグラフィーauto-ethnography」といった自己記述の方法を、文化を探求・記述するアプローチとして位置づける。「オート・エスノグラフィー」とは、文化の当事者が自ら語り手になり、自分の文化的経験について語ってゆく記述法である。「内部者のアプローチ」を実践している方法論のなかでややラディカルな目線をとる。その考え方では、第三者の視点に基づいた研究者の正当性は認められず、研究者も自ら「オート・エスノグラフィー」の語り手になり、自分の経験について語り、演じることしかできない。研究者は不安定な立場に置かれながら、客観的な立場からの「記述者」（describer）ではなく、自ら自身の事柄を語る「表現者」（narrator）になることでようやく文化記述を実践できるのだ。

　そうした問題意識を部分的に受け入れ、「ケータイ・ストーリーテリング」も、「記述者」ではなく、「表現者」という立場からケータイのあり方を可視化するための方法論として位置づけられる。ケータイについての個人記述を、「自明な出来事」であるケータイのあり方を自ずと浮き彫りにさせるきっかけとして用いたい。ケータイに関する自分の思いや感想、考えなどをさりげなく表現するきっかけを作ることを通じて、第三者の先入観や仮説を介入させずに、ケータイのあり方を浮き彫りにすることができると考えるわけ

だ。調査研究法として「ケータイ・ストーリーテリング」の最大の利点は、ケータイを使っている主体の実際の生活環境や微細な文脈のなかから経験を掘り起こせるという点である。ケータイのさまざまなあり方を、実際の経験と一体となった形で浮き彫りにし、主体の感じる経験に寄り添った形で可視化できる。いいかえれば、「ケータイ・ストーリーテリング」は、ケータイに関わる日常実践のあり方を、内部者のアプローチによって明らかにする方法論として位置づけられる。

実践研究の経緯

筆者は、2009年から「ケータイ・ストーリーテリング」活動を取り入れたWS（ワークショップ）を、日本、韓国、中国、フィリピンなど、アジアの複数の地域で行った。実施にあたってはそれぞれの実情にあわせた部分はあるが、すべての活動に「参加者が自らのケータイ経験について物語る」実践を取り入れていた。活動の進め方の詳細は、【付録・WS事例】の1ケータイ・ストーリーテリングWSの項目を参照してほしいが、次は本章の分析対象である五つのWSの概要である。

調査1　「ケータイものがたり」WS
2009年9月10日、ゼミ合宿旅行として東京を訪問した関西所在の某大学の3年生17人を対象にメディア論的な観点からケータイを取り上げたこの研修プログラムとして実施した。学生たちは自らのケータイの他人と区分される特徴やこだわりを見つけ、それについて語る実践を行った。

調査2　「私の〇〇なケータイ」WS

2009年11月19日、東京所在の某映像制作会社の社内研修プログラムの一環として実施した。20代前半～30代後半の役員と従業員の11人が参加した。参加者たちは、自らのケータイのユニークな点を表す写真をその場で撮り、その写真を表す「○○なケータイ」という文章を作った。それぞれの表現結果として発表を行ってもらった。

調査3 「ケータイってなんだろう」WS
2010年10月23日、東京大学と文京区の地域連携教育プログラムの「文の京-大いなる学び」の一環として実施し、11人の文京区民が参加した。参加者の平均年齢は60代後半以上であり、高齢者の参加が目立ったのが特徴的だった。ケータイについて大事な思いを思い出しながらそれを表す写真を撮り、そのことについて簡単に発表を行った。活動の前後にそれぞれ「海外のケータイ事情」「ケータイ技術の現状」について講義を行った。

調査4 「モバイル・ストーリー・コレクター」WS
2011年2月6～10日、フィリピンのマニラで行われた「d' CATCH (De Centralized Asian Transnational Challenge)」という異文化交流セミナーの一部プログラムとして実施した。[3] 活動はすべて英語で行われた。自らのケータイのユニークさを一つ挙げて、「My phone is ＿＿＿＿」の空白に説明単語を入れて文章を完

---

3 「d' CATCH」とは、日本の神田外語大学、フィリピンのサントートーマス大学、タイのチュラーロンコン大学、中国の南京中国媒体大学の四か国の大学が共同で進めている異文化交流セミナーである。毎年一カ国の会場に集まり、共同で映像作品を制作するWSを行う。「モバイル・ストーリー・コレクター」(Mobile story collector)は、その会場に別途にミニ・ブースを設けて、「d' CATCH」に参加している多国籍の大学生たちが自発的に参加する形で進められた。

成するという活動を行った。

調査５．「ケータイ・ものがたり」WS
2012年8月8日、新潟大学で担当した「メディア表現行為論Ⅵ」の集中授業の一環としてケータイ・ストーリーテリング活動を実施した。受講生およびティーチングアシスタント（以下、TA）の合計8人が参加した。ケータイにまつわるエピソードを表現するオブジェを作って、1人ずつ語ってもらった。

　参加者たちのものがたりは、［一枚の写真］＋［それに関する物語］、あるいは［一枚の写真］＋［それを説明する文章一行］というデータセットの形で整理した。実践のなかで写真のイメージは「オブジェ」と呼ばれ、「ケータイについて語る」表現の直接的対象として位置づけられた。次節から紹介するオブジェとものがたりは19セットだが、すべて上述した5回のWSで収集した総計77セットから選択した。
　一方、分析の軸という文脈で言及しておきたいのは、参加者の幅広くて互いに相違する属性である。ここで取り上げるWSの参加者は、出身地が日本、フィリピン、中国、タイなど多様であり、年齢も10代から70代まで幅広い。これらの資料は、年齢や文化的背景によってケータイの使い方を説明する文脈ではなく、ケータイというメディアが、人びとの日常的経験のなかでいかにして理解され、位置づけられているのかという、より普遍的文脈での分析対象として位置づけられる。
　参加者の国籍や文化的背景がばらばらな点を分析の軸にしていないことについては、国や文化のちがいを無視するのではないかという指摘がありえる。たしかに筆者自身、さまざまな地域のなかで

「ケータイ・ストーリーテリング」活動を進めながら、文化圏によって解釈の相違する側面を感じたことがあった。しかし文化圏による相違点があるだけでなく、相違する文化にも関わらず共通している側面もあった。一方では文化圏による相違点より、世代や性別による相違点が目立つという傾向も見てとれた。そうしたことを踏まえてここでは文化的なバックグラウンドの相違にもかかわらず、ケータイを使っている人ならば誰でも感じる日常的感覚こそをここでは注目したい。

2　ケータイの小さなものがたり

身体に密着したモノ
「ケータイ・ストーリーテリング」のなかでかなりの頻度で登場したのは、ケータイと身体を結びつける内容である。［事例1］は、20代の男子会社員が『わたしの快感のケータイ』と名づけたものがたりで、ケータイを握っている自分の手を撮ったイメージである。彼のケータイは、蓋と本体をつなげる連結部位が壊れたため、ケータイを開いたり閉じたりするたびにガチャと音がする。彼はそのときだけに感じる微妙な手触り感覚がとても好きで、密かにケータイを開いたり閉じたりすることが習慣となってしまったという。『電車を待ったりするとき、手のなかでずっと鳴らしている。そうしないといらいらしてしまう。ぼくにとってケータイは密かに快感を与えてくれるもの』と語る。彼は、この「快感のケータイ」がなかなかのお気に入りで、壊れても買い替えるつもりはまったくないと語った。

[事例1]

[事例2]は、他の20代の男子会社員のものがたりであるが、彼は、iPhoneに搭載されている衛星写真アプリケーションを立ち上げて美しい地球のイメージを写し出し、『私の手の平の上の地球』というイメージを見事に表現した。WSは2009年。当時はスマートフォン使用者がまだ少なかったため、彼は、iPhoneを使いこなしていることをやや自慢げに思っていたようであった。『ケータイを持つことで自分と社会との距離はうんと近くなった感覚がある』と語った。

[事例2]

ケータイ経験を身体感覚に比喩したものがたりもあった。たとえば、[事例3]は、フィリピン人の男子大学生（20代）のものがたりであるが、彼は、携帯電話を「Extension of my sense（私の感覚の拡張）」といい、片目に携帯電話を当てるポーズでとった。彼は、「はっきりした理由を言おうとすると困るが、携帯電話は口でも耳でもない。携帯電話は目の延長といってふさわしいだろう」と述べた。

[事例3]

　ケータイが自分と外部世界の接点であるとしたら、それは身体の一部のように理解することができよう。他者とのコミュニケーションが始まる窓口という意味で、ケータイはたしかに目や耳のように、自分と社会を結びつける身体装置と似ている。そうした意味では、[事例3]のものがたりは、コミュニケーション手段としてのケータイのあり方を比喩的に表現しているといえる。ところが、[事例1]、[事例2]に現れているケータイのあり方は、そうしたコミュニケーション手段という役割より、ただケータイを「携帯する」という事実だけで充足されてしまう、自己満足的な身体感覚を述べている。自分しか感じることができない、閉じられた世界を表現している。ある意味では社会的手段としてのケータイのあり方とは隔たっているだろう。

　羽渕(2002)が述べるように、ケータイはきわめてパーソナルな機器として「脱着可能な身体の一部」のように受け入れられている。ケータイの個人的文脈とは、じつは身体性と密着しているという物理的特性と密接につながっている。羽渕(前掲書)は、他人と常につながっている接点としてケータイの個人性を強調していたが、そうした個人性を構築している要素には、自分の身体に最も密着しているものとして非常に物理的で感覚的欲望もある。少なくとも、これら

のものがたりのなかで描かれたケータイは、自分と外部世界をつなげるための道具ではなく、閉じられた触覚的感覚やぼんやりした安堵を楽しむための道具として、身体の物質性に深く共鳴していた。

そうした側面は、物体としてのケータイにまつわるエピソードにも現れていた。[事例4]は、表面のコーティングが剥がされてぼろぼろになっているケータイの写真である。持ち主は、男子大学生だった。薬品をこぼして焦っているところ、ケータイを落としてしまい、本体の表面が薬品で傷んでしまったという。しかし、この傷があるからこそ、このケータイについて愛着がある。他人からは剥がれた表面が醜いかもしれないけど、彼は買い替えるつもりはないと語った。

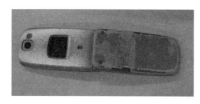

[事例4]

[事例5]の持ち主も男子大学生であったが、彼のケータイの表面にも、一年前に付いた傷が鮮明に残っていた。スキー場で転んだときについてしまったが、スキー場で遊んだ楽しい思い出を思い出させてくれるので捨てる気はないと語るわけである。

[事例5]

こうした語りのなかでケータイは、身体に密着しているモノとして感覚的欲望の対象として描かれる。それは、コミュニケーション手段という、ケータイの社会的役割とはかけ離れており、ケータイは、私的な快楽を実現するモノとして自分だけが感じられる内向きの欲望の源であった。

「私」のアイデンティティにかかわるモノ
　ものがたりのなかでケータイが、自分のアイデンティティを直接的に象徴するものとして描かれることもしばしばあった。［事例6］は、30代のセールスマンのものがたりである。10年以上、営業職に勤めてきている彼は、何も変わったところのない平凡なガラケーを持ち歩いていた。じつは社会人になってからずっと同じケータイを使っており、ケータイの電話帳に保存されている取引先の連絡先がもはや2800件を超えているという。『このケータイでゲットした連絡先がなくなったらセールスマンとしての仕事ができない。これは私の生命線だ』と語った。　ケータイは、彼のキャリアーを記録しているものとして、セールスマンとしてのアイデンティティを表しているものとして位置づけられた。

［事例6］

　［事例7］は、ケータイを擬人化して自分と同じアイデンティティを与えたフィリピン人男子大学生（20代）のものがたりである。彼

は『ぼくの携帯電話は Filipino（フィリピン人）。ぼくがフィリピン人だから』といった。携帯電話がフィリピン製だったわけではない。彼は、いつも自分と一緒に歩いている携帯電話に、自分のアイデンティティのようなものを感じていると語った。

［事例 7］

　ケータイは持ち主のユニークな嗜好や趣味を表すための道具にもなる。［事例 8］は、20 代の女性会社員のものがたりである。一見普通のケータイのように見えるが、待ち受け画面やストラップなどのアクセサリーはすべて彼女の好きな漫画のキャラクターで揃えている。『私のコレクションのケータイ』と名付けられた、こだわりのケータイだが、『壁紙とメニュー画面がぜんぶ着せ替えできるので、009（好きなアニメ）のキャラクターで揃えることができる。じつはそのようにするために、同キャラクターでデコレーションができる機種をわざわざ選んだ』という。

［事例 8］

情緒的な反応を呼び起こすモノ

　カメラ機能は、いまやケータイ利用の最も重要な理由の一つであるといっても過言ではない。写真を撮って誰かに送るという視覚的コミュニケーションの重要性（Kato et al 2005, Villi 2008 など）やモバイル・メディアで写真を撮るという実践そのものの日常的意味の変化（Van Dijck 2007, Larsen & Sandbye 2014）など、モバイル・メディアでの写真撮り実践をめぐる関心が広まっている。写真を撮るという実践の文化的あり方は、「ケータイ・ストーリーテリング」のなかでもくっきり浮かび上がった。

　［事例9］は、ドイツからの男子留学生のケータイの待ち受け画面であった。彼は、当時仲良くしていた友だちとのツーショット写真を待ち受け画面にし、「彼女は大切な友だちであるし、日本での思い出であるからいつも見ていたい」と述べた。

［事例9］

　［事例10］は、30代の女性のものがたりであった。映っているイメージは、出産したばかりの親友が赤ちゃんに母乳をあげているのを撮った写真である。『この写真は自分にとっては最大の癒しであり、落ち込んでいるときに見たらあたたかい気分にさせてくれる』という。彼女は、こうしたイメージをいつでも開いてみることができる自分のケータイを、『私の癒しのケータイ』と名づけた。

［事例 10］

　［事例 11］は、フィリピン人の女子大学生（20代）が演出して作ったオブジェである。彼女は自分の携帯電話を『My baby girl（私の愛しい赤ちゃん）』と呼び、赤ちゃんのように大切に抱っこしているポーズをとっていた。可愛いピンク色の携帯電話は、彼女にとっては何より愛しく思うモノであり、いつも大事にしているというのだ。

［事例 11］

　一方、［事例 12］は、中国人の男子大学生（20代）がスマートフォンにキスをしている姿を演出して作ったオブジェである。彼は、スマートフォンを『my girl friend（ぼくの彼女）』と呼び、『じつは、ぼくは彼女よりスマートフォンが好き。彼女にはいろいろ気を配らな

ければならないけど、スマートフォンはそうではないし、彼女といっしょにいるくらい楽しい』と語った。

［事例12］

　視覚装置としてのケータイのあり方は、何らかの情緒的反応を起こすきっかけとして描かれる場合が多い。その際のケータイは、その機能や利便性ではなく、思い出の親密性や情緒的判断によって評価される。富田（2009a）は、モバイル・コミュニケーションを成り立たせる文化的軸として、「匿名性」と「親密性」という、相反する二つの属性を挙げている。そのなかでも親密性というのは、ケータイの情緒的あり方を理解するうえで重要な属性なのだ。親密な情緒や感情を運ぶものとしてのケータイのあり方はものがたりのなかでも目立っていたのである。

　アンビバレントな評価
　ケータイが厄介なものとして描かれることもあった。［事例13］は、30代後半の男性会社員のものがたりである。彼は、ケータイのアーリーアダプターで、iPhoneが初めて出された時期にスマートフォンを購入していた。ところが、初期に出された機種であるため、電波受信が悪かったり、端末機のなかのSIMカードが勝手に

抜けてしまったりして、たびたび不通状態になってしまう。彼は自分のケータイを『私の不便なケータイ』と名づけ、『ケータイに縛られて生活しているわけではないし、新しいケータイを買っても自分はなにかしら不便に思うだろうと思うので、最新機種に買い替えるつもりはない』と語った。

［事例 13］

　ケータイは、しばしばアンビバレントな評価を伴う。［事例 14］は、フィリピン人の女性教員（30 代）のものがたりである。彼女は、職場で持たされた一台とプライベートで使っている一台、二台のスマートフォンを持ち歩いている。一児の母親でありながら複数の仕事に携わっている多忙な専門職だけに、二台とも連絡が絶えない。いつもバタバタ働き回っている彼女にとってスマートフォンは『No.1 disturbance（最大の厄介物）』として語られた。彼女は、いつも持ち歩いている二台の携帯電話を両手に持ち、顔をしかめて、忙しさに攻められている自分を表現した。

　［事例 15］の語り手はフィリピン人の女子大学生（20 代）であった。彼女は携帯電話をしっかり使いこなしている若者だが、それゆえに通信費が高くて困っている。通信費を節約したくても、携帯電話でやりたいことがたくさんあるため、使用を我慢することはできない。そんな彼女にとって携帯電話は『money sucker（金食い）』と表現された。

[事例14]　　　　　　　　　　[事例15]

　これらの物語では、「面倒くさい」、「高くて困る」、「不便」など、厄介さを表現する単語がしばしば登場した。ただし、それらがもっぱらネガティブなトーンで語られたわけではなく、むしろ自慢げに語られ、その厄介な状況を自己戯画化した語りにすることで、一方ではその厄介さを受け入れつつ、他方ではささやかな問題提起として愚痴を言っていることと考えられる。たしかに苦しいときもあるが、むしろその苦しさを楽しむつもりまである姿勢だった。ケータイに飽きてしまった感覚と、そのようなあり方さえも享受しようとする矛盾する評価が混ざっていたともいえよう。

　世代間の格差
　一方、まったく異質な厄介さが表現されたものがたりもあった。［事例16］は、70代の男性が作ったものがたりである。映っているのは、読み尽くされて、ぼろぼろになってしまったケータイの仕様説明書である。彼は、『仕様説明書を読みながらかなり勉強したけど、未だ多くの機能の使い方が分からない』といい、じつは、ケータイについてのWSに参加すれば、誰かケータイについて教

えてくれる人に会えると期待していたようである。WSはケータイの使い方を教える場ではなかったため、期待外れとなったはずなのだが、とりあえず、彼がケータイというモノに対していだく切実な気持ちはよく伝わった。

[事例16]

［事例17］は、60代の女性のものがたりである。ケータイ本体の裏面に切り抜いた説明書の一部が貼付けられてある。彼女のケータイは、非常時に大音量のアラームを鳴らせる「ワンタッチアラーム」という機能が装着されている機種だった。独りで暮らしているため自宅への帰り道が怖くて、何かあったとき、すぐまわりに知らせるための緊急手段として「ワンタッチアラーム」機能がついた機種を選んだ。ところが、どうやってその「ワンタッチアラーム」機能を作動させるのかが分からない。方法が書いてある説明書を何度読んでも、理解できなかった。彼女は、『誰か分かる人にやっても

[事例17]

らうつもりで、その説明の部分だけ切り抜いて、本体に貼った』という。説明書を貼付けたまま持ち歩いたが、じつは誰に聞くこともできず、一年半以上経ち、紙を貼付けた周りがぼろぼろになってしまったというのである。

　ケータイの機能の一部が分からなかったり、使い方がむずかしくて結局使えなかったりすることは、年齢問わず誰でも経験することだろう。しかし、高齢者のものがたりにはたんに不便を愚痴ること以上の絶望感が感じ取れる。その切実さは、ケータイが使いこなせないため、生活のなかで感じる不便を訴えるというより、新しい技術についていかなければならなければ時代遅れになってしまうかもしれないという不安だっただろう。最新技術であるケータイがうまく使えないという疎外感も表現されている。

　一方、ケータイの使い方をめぐる世代間のギャップを滑稽に表現したものがたりもあった。［事例18］は、女子大学生が母親からもらったメール画面を撮った写真である。母親はメールを書くことに慣れず、一文を書くのにもなかなか時間がかかる。母親は「これからバスに乗るから、バス停で待ち合わせよう」と書こうとしたが、メールを書くスピードが遅すぎるため、書き終える前に目的地に

［事例18］

着いてしまった。途絶えた文章のメールが届いたのをおもしろおかしく思っていた語り手は、メールを削除せずに保存しているという。

［事例19］の語り手も女子大学生であった。オブジェになったのは「絵文字にはまっている父親からのメール」である。最近絵文字でのメールの書き方を習った父親は、娘とのやりとりを絵文字ばかり行っている。絵文字ばかりで書かれたメールは、暗号のように解読しなければならないわけだが、たとえば、ここにオブジェとして挙げられたメールは、「マクドナルドで待っているから早く来てね」という意味だそうだ。

［事例19］

ケータイは、大好きで便利なモノでありながら、厄介なモノでもあり、欲望の対象でありながらも、拒否の対象でもある。ものがたりのなかで描かれるケータイは、技術文明の利器に対するアンビバレントだったり、ときとして矛盾したりする、様々な主体の欲望と思いが交差するせめぎあいのなかの対象として浮かびあがった。

3 モノとしてのケータイ

　ケータイの自己記述は偶然的で断片的である。しかし、各々のものがたりのなかには、ケータイに関する生々しい経験がよく表れている。ケータイの自己記述だけでケータイの社会的全体像を俯瞰することはできないだろう。だが、ケータイの日常的あり方の一側面を「内部者のアプローチ」から明かすことはできると考える。

　WS実践を通じて収集したケータイのものがたりには、とりわけ物体としてのケータイのあり方、いいかえれば、いつも手元に置かれているモノとしてのあり方が特徴的に現れた。その姿は、身体的感覚や私的経験のように、社会の仕組みとはやや隔てられた欲望のなかで楽しまれつつ、非常に豊かな文化的文脈を持っていることが分かった。

　こうした「モノとしてのケータイ」の文化的含意をいかにして解釈してゆけば良いのだろうか。モバイル・メディアをめぐる今までの議論は、コミュニケーション手段としてのあり方を軸に論じられてきた。しかし「モノとしてのケータイ」というあり方は、それよりは人と物質との関係性にかかわる軸としてよりよく理解できる。そのあり方をさらに論ずるために、ここでは物質文化論という枠組みを借りたい。物質文化をめぐる議論は、モノのあり方を「静態」としてとらえる視点と、「動態」としてとらえる視点の二つに分けられる。両方は、相互対抗的な文脈ではないが、対象の根本的なとらえ方においては異なる立場をとる。それぞれの前提と経緯を確かめておこう。

物質文化論の流れ

「静態」としての物質文化をとらえる観点は、考古学、民俗学、あるいは、初期文化人類学の分野でよく見られる。たとえば、1960年代以来、環境生態学の影響を受けたアメリカの文化人類学者たちによって提起された「文化唯物論」（cultural materialism）と呼ばれるアプローチがよく知られている。代表的な論者のMarvin Harris（1974=1988）は、一見非合理的に見える未文明社会の営みが、その社会を条件づける物質的な環境条件に適応したという意味では合理的な結果であると述べる。たとえば、インド社会は、伝統的に牧牛崇拝の信仰があり、牛肉を食材にすることをタブー視する。いつも食料不足と飢餓に苦しんでいながらも牛肉を食べないことは一見非合理的なことと見える。だが、インド社会の農耕習慣と生態システムと関連づけて眺めると、牧牛を殺して牛肉を食べる方が農業の基盤システムが破壊してしまう危険性を膨らんでいることが分かる。つまり、外部環境や物質的な条件こそ、文化的な出来事の背後にそれを支えるシステムとして働いていると主張したのである。「文化唯物論」は、文化を合理的で完結された実体として見なすという意味で恣意的な合理主義で相対主義的な進化論だという批判と直面しているものの、文化的出来事を構築する要因として物質的基盤や条件を重んじる視点を呈したことでは評価される。

一方、日本の学問的な伝統では「考現学」（modernology）を挙げることができよう。「考現学」とは、「古い」文物を記録、発掘するという意味で名づけられた「考古学」を準えて、「現代」文物を記録、発掘するという意味で命名された。提唱者である今和次郎は、そもそも社会学者として学問の道を歩んだ人ではなく、若いときから美術に素質を見せ、早稲田大学に進学したときは建築を専攻した人物である。彼は関東大震災の後、銀座を中心に登場した新しい生活風

潮を観察し、優れた美的感覚でその様子を優れた観察力でスケッチしていった。得意の腕を発揮して几帳面な図解を些細に記録していく彼の作業は、後ほど考現学と名づけられて、一種の学問領域として認知されるようになった[4]。

考現学は、資料の採集、記録、図解していく「方法の学」としては優秀性を認められる一方、独立した学問として問いを立てることができず、「社会学の補助学」として消極的な位置づけで終わってしまった（川添1982）。しかし、少なくともそれが現代の物質文化を採集、記録、考察の対象として位置づけ、実際に文化の一面を説明する資料にしたということは確かである。

文化唯物論や考現学は、社会的な事柄を反映する「鏡」のような対象として物質文化をとらえる。ところが、こうしたアプローチで理解される物質文化は、社会的、環境的な条件によって一方的に影響を与えられる受動的な対象である。物質文化を構築していく主体としての人間の能動性についての考察が薄いのだ。「静態」といういささかしらけた語り口で語られ、独立した学問分野として継承されがたい現状は、そうしたとらえ方に対する批判とも無関係ではない。

一方、物質文化そのものが形成される過程を強調し、能動的かつ実践的な可能性を生み出そうとする、「動態」としての文化をとらえるアプローチがある。Williams（1980=2000）は、人びとの日常のなかの生活様式として物質文化の重要性に着目した。物質文化を、

---

4 今の調査ノートは、几帳面なスケッチを揃えていたため、視覚的に大変興味を呼びおこすものであり、展覧会や展示会など、見せ物の催しにも向いていた。当時の新風俗に関する彼の調査は、雑誌などで発表され、反響を得られており、1927年、新宿紀伊國屋書店で調査結果を展示する催しを開くまでに至った。その催しの名前が「しらべもの（考現学）展覧会」であったことから、「考現学」という名前が初めて使われることになり、後ほど、彼自身によって「モデルノロヂオ」というドイツ語源の領域として改めて紹介されるようになる。

第5章　ケータイのものがたり

環境的かつ外部的要因によって一方的に作られるものではなく、さまざまな主体の意思や日常実践によって構成される社会政治的なプロセスとしてとらえた。物質文化は、日常のなかに存在する支配的イデオロギーに従属させられる物理的基盤という意味では保守的な価値の実現として位置づけられた。しかしその一方でそうしたイデオロギーを積極的に対抗できる手段にもなれるという意味では変革可能性も含んでいる。「動態」として物質文化をとらえる視点においては、さまざまな実践を通じて保守的価値に対抗しつつ、積極的に改善、変革していくことが大事とされるのである。

技術的商品から文化的モノへ

さて、物質文化という脈絡で、「モノとしてのケータイ」のあり方もいかにして理解することができるのか。モバイル技術の発達は、高度の産業消費社会の出来事である。私たちは通信会社と契約を結ぶことで通信サービスを購入し、ケータイというモノが消費できる。通信行為を行う以前の問題として、移動通信サービスを消費するという消費行動であるということである。ケータイの物質文化への関心は、それを成立させる土台として「商品」としてのあり方に対する批判的な視点を含まなければならないのである。

Williamsの「動態としての文化」の議論をさらに展開させたAppadurai et al (1986) は、すべてのモノやサービスに交換価値が付与されていく現象、すなわち、「商品化」（commoditization）という概念こそ、現代の物質文化を理解するうえで重要な枠組みであると主張する。Williamsが物質文化の形成プロセスに関与する要因として社会のコミュニケーション構造を強調したのに対して、Appaduraiらは、資本主義の営みが社会のなかに浸透してくる歴史的過程を問題視する戦略をとることで、視野を現代的文脈に合わせ

て広げた。そのような考え方に基づき、「モノとしてのケータイ」のあり方の根本的な条件として、資本主義とグローバリゼーションというイデオロギー的状況をまず考える必要がある。

　Kopytoff（1986）は、モノやサービスの交換価値が、「固有なモノ」（the singular）から「汎用なモノ the common」へ転換していく消費社会化のプロセスを、文化的意味の転換としてとらえた。一つの「商品」としてケータイが日常実践の秩序のなかにいかにして統合され、独自的な変容を遂げてゆくのかという様子こそ、文化的意味をもつ対象として重要だろう。

　たとえは、そのプロセスのダイナミズムに照らし合わせて、「ケータイ・ストーリーテリング」を通じて浮かび上がったケータイのあり方をとらえ直したらどうなのか。当事者にとってケータイは、技術の利便性だけでなく、何をもっても取り替えることのできない個人的経験だったり、主観的な感覚や情緒によって評価されていた。「ぼろぼろになっても買い替えたくないモノ」だったり、「私だけが知っているユニークなモノ」だったりした。

　汎用な情報商品としてのケータイは、さまざまな個人経験のなかで特別な意味をもつモノへ分化、多様化してゆく。「モノとしてのケータイ」は、「汎用なモノ the common」が「商品」としてのあり方を放棄し、「固有なモノ」（the singular）へ移行するプロセス上の出来事としてとらえることができる。ケータイが、「商品」としてのあり方を覆し、日常実践のダイナミズムのなかで再配置されていくプロセスこそ、一種の文化的転換として読みとることができるのだ。すなわち、日常実践のなかで編みあげられるケータイの眼差しは、技術的商品から文化的モノへと変容していく様子として位置づけられる。

　こうした流れは、Kopytoff（前掲書）によって論じられた消費社会

化のプロセスを逆行する。少なくとも、ケータイの場合は、最初は技術性が高い「商品」として流布されているものの、その受容過程が深化につれて、技術的かつ商業的な本質を消し、個別の経験に基づいて主観的かつ情緒的な側面が増大していく様子が見てとれる。

第6章　ケータイのパフォーマンス

1　ケータイを演じる

ケータイのパフォーマンス・エスノグラフィー

　本章では「ケータイを演じる」という活動を取り上げる。自らの日常生活をふり返ってケータイを使う場面を思い出し、寸劇風に演じて再現してみる。こうした一連の活動を「ケータイを演じる」と呼ぼう。活動内容はとても簡単で、気軽にやることができるが、ちょっとちがう角度からケータイについて考えてみるという意味で教育的効果はばっちりである。

　演じる実践を通じてケータイのあり方を探った先行する試みがある。MoDeプロジェクトでは、身体実践を通じてモバイル・メディアのあり方を可視化する方法として「ケータイを演じる」実践を位置づけた。たとえば、東京とヘルシンキで典型的に見られるモバイル・メディアの使い方をそれぞれ演じてもらう実践がなされ、異なる文化におけるモバイル・メディアの利用傾向を比較して考察する試みがあった（伊藤2007）。一方、Kato（2005）は、演じる実践を通じてケータイに関するイメージを分析した。大学生たちが作った芝居の内容から、若者がケータイについてもっているイメージや表象を引き出してみることを試みたのである。

　MoDeで「ケータイを演じる」というアプローチは、文化人類学者のVictor Turnerが提唱した「パフォーマンス・エスノグラフィー」（performance ethnography）に接続させられた（伊藤：前掲書）。

パフォーマンス・エスノグラフィーとは、研究者が自分の身体をもって異文化の出来事を実践してみることを勧める文化記述論である。当事者の経験そのものに充実にとりくむという意味で、第3章で論じた「内部者のアプローチ」に徹底した記述論として位置づけられる。

　筆者は「ケータイを演じる」実践を、「自明な出来事」としてのケータイのあり方を探る方法論として着目した（水越・金 2010、金 2010、Kim 2013）。「ケータイを演じる」実践は、ひとまず当事者の経験を再現する手法であるわけだから、モバイル技術という機能的な枠組みではなく、日常のあり方をそのまま可視化できると考えたわけである。

　「ケータイを演じる」実践は、当たり前であるために気づきにくいケータイのあり方にあらためて気づかせることで「異化」という省察思考（第3章3）のきっかけになる。「演じる」という非日常的な状況を作ることによって、普段は意識することのないケータイのあり方に気づくことができる。その自省的な気づきは、「ケータイを演じる」当事者と、「演じられたケータイ」を観察する研究者の両方に生じる。その瞬間、「自明な出来事」となってしまったケータイのあり方が、認知、観察できる対象に転ずるのである。

　ただし、注意しなければならないのは、「演じられたケータイ」のあり方をそのまま知見として解釈してはいけないという点である。「ケータイを演じる」実践は、あくまでも意図的に作り上げられた文脈での出来事だ。たしかに現実味があるものの、現実世界を直接的に映し出したものではない。その結果は、そのままのケータイ風景を表しているわけではなく、実践者たちによって想像されたケータイ風景として位置づけなければならない。

　しかしその一方、「演じられたケータイ」は、人びとによって想

像され、実践されたという意味で、現実と完全に切り離されたものではない。実践者の考え方や関わり方、無意識的な振る舞いがしっかり現れている。すなわち、そのまま現実世界の有り様としてではないものの、ケータイの当事者による再帰的な思考作用によって「解釈されている現実世界」として理解される必要がある。

これからは、筆者が行ってきた「ケータイを演じる」実践の結果を紹介しながら、そのなかで浮かびあがったケータイのあり方についても解説を加えてゆきたい。実践はそれぞれ、韓国のソウル、中国の上海、日本の新潟という、異なる都市で進められた。はたしてどのようなケータイのパフォーマンスが出来上がったのか。さらに、そこからどのようなケータイのあり方を読みとることができたのか。実践が進められた都市の異なる文化的背景を意識しながら見ても興味深いだろう。

2　演じられるケータイ

「ソウルの典型的なモバイル風景を演じる」
韓国は、日本と並んでモバイル普及率や利用度は高い国である。人口1500万を超える大都市のソウルには、モバイル機器を持ち歩き、どこからも無線インターネットにアクセスすることができる情報環境が整えてある。商業が発達し、地下鉄やバスなどの大衆交通網が広い都市全体を覆っている点など、生活インフラの側面からも日本の大都市と似ている（金・松下・羽渕 2012）。

韓国で情報通信技術は社会を旧習から決別させて後期近代社会へ進展させる導き役として語られてきた（Hjorth 2009）。技術を受

け入れる役割を積極的に遂行する主体として若者への関心が高い一方、急変する社会に対する不安感と技術発展に追いつけないという絶望感も存在する。韓国の若者のモバイル・メディアの利用傾向は、未来社会を導いていく新しい文化像として注目されながらも、「伝統」にこだわる保守的な価値観を表したり（Yoon 2008）、自己中心的かつ感覚的な新しい人間像（Chung 2008）を象徴する現象として理解されている。

2009年5月ソウルで筆者が実施したWSには、情報通信技術と韓国の若者をめぐる言説の典型というべき、情報通信技術についての理解度が高く、積極的に表現活動を行っている大学生たちが参加した。ソウルおよび首都圏の大学に在学中の20代の女性5人、男性1人で、大手ポータルサイトの大学生記者団のメンバーとして何ヶ月も活動した仲間だった。参加者は全員、自らカメラを回して動画を制作したり、ブログを運営したりする、積極的な表現者であり、モバイル・インターネットの利用経験も比較的に豊富だった。参加者が持っているモバイル・メディアは、スマートフォン以前機種のフィーチャーフォンだったのだが、WS当時（2009）、韓国でのスマートフォン普及率が全体モバイル・メディアの2%前後に止まっていたことを考えるとおかしくはない。[1]

参加者たちは、3人ずつ二つのグループに分かれ、ソウルの典型的なケータイの風景を表す寸劇を即席で作り、演じた。寸劇を作るのに費やした時間は20分程度。小道具としてはスケッチ・ブックとマーカーペンが提供された。参加者たちは、自らの寸劇が日本の学生や研究者に見られることを意識していたので、「韓国ならではの使い方を紹介したい」という意図が寸劇の内容に反映されたと考えられる。

【寸劇 A. ある大学生の一日】（2 分 50 秒）

①
②
③
④
⑤
⑥

■内容：女子大学生の朝から晩までの一日を描いた寸劇である。主人公の女子大学生は携帯電話の目覚ましで起床し、寝坊してしまったことに気づく。すぐさま友達に SMS[2] を送り、授業に遅れるかもしれないと伝える（シーン①）。地下鉄に乗って学校に向かうときは、携帯電話で DMB[3] を視聴する（シーン②）。 講義の出欠確認も

1　韓国でスマートフォンが著しく普及し始めるのは、2010 年以降である。
2　モバイル・インターネットを使ったメールのやりとりが盛んに行われている日本とちがって韓国では、短文送信サービス（ショートメッセージサービス、以下 SMS）の方が主流である。主に使われている SMS とは，MMS（Multimedia message service）と呼ばれる進歩した方式であり，短文に画像や動画，音声ファイルなどを添付することもできるので、日本のケータイ上のメール利用とほとんど変わらない。
3　Digital Multimedia Broadcasting の訳語。モバイル機器で視聴できるデジタル放送規格を示す。韓国では携帯電話で視聴する放送コンテンツを指す言葉として使われ、日本の「ワンセグ」に類似する。

携帯電話を使ったシステムで行う（シーン③）。今日の服装が気に入ったので携帯電話に付いているカメラで自分の姿を撮影して彼氏に送る（シーン④）。授業後は彼氏とのデート。携帯電話を使って付近のレストランを調べる（シーン⑤）。デートの後は、携帯電話で終電時間をチェックして帰宅する（シーン⑥）。

【寸劇B. テレビ電話で誕生日会】（50秒）

■内容：実家の離島で誕生日を迎えた大学生のエピソード。彼女は、学校の友だちが誰もいない実家で寂しく誕生日を迎えたことにがっかりしている（シーン①）。ケータイをひねくり回している彼女にソウルの友達から電話がかかってくる（シーン②）。ソウルの友だちは、彼女のために誕生日ケーキを用意し、テレビ電話を介して遠隔地で祝い会をやることを提案する。テレビ電話の前で「ハッピー・バースデー・トゥーユー」と祝い歌を唄い（シーン③）、彼女に誕生日ケーキのロウソクの火を吹き消すことを促す。彼女はケータイに向けてロウソクを吹き消すふりをする（シーン④）。テレビ電話を使ってバーチャルな誕生日会をやるという、やや非日常的な場面が演じられた。

参加者たちは「テレビ電話を使う場面を演じたかった。実際にテレビ電話をたくさん使っているわけではないが、寸劇のような場合ではぜひ使いたい」と述べた。

【寸劇C. つまらない授業】（30秒）

■内容：授業中の教室。男子大学生は授業に興味を持たず、机の上の筆箱のなかに携帯電話を隠してこっそりDMBを観ようとする（シーン①）。さらに、彼は隣に座っている女子大学生の方に携帯電話の入った筆箱を近づけ、一緒にDMBを観るように誘う（シーン②）。参加者は、『実体験に基づいて作った』とふり返っていた。

【寸劇D. 彼女の着メロ】（1分45秒）

■内容：恋人の思い出と「着メロ」[4]についてのエピソード。男女は恋人同士であった（シーン①）が数年後に別れてしまう。ある日、男性はラジオから流された音楽を聞いて、それが彼女の「着メロ」の唄であることに気づく。懐かしい気分になった彼は、つい彼女へ電話をかけてしまった（シーン②）。彼は、彼女の「着メロ」がまだ同じであることに気づきなおさら懐かしい気分になるが、彼女の冷淡な反応で戸惑う（シーン③）。この寸劇についても、参加者たちは『実体験に基づいた話だ』と振り返っていた。

「上海の典型的なモバイル風景を演じる」

上海は中国東部の海岸に位置する人口2000万超の大きな都市であり、工業と金融業が発達した中国最大の商業中心地でもある。一人当たりGDPが1万2000米ドルを超えるくらい豊かで、香港を除けば、中国のなかで最も国際化、現代化が進んだ地域でもある。中国の政治、行政の中心地である北京に対して、上海は交通、貿易、文化、国際交流の中心地として開放的な雰囲気が漂う。上海の携帯電話普及率は、2010年末現在127.9%（中国政府工信部発表）で、一人一台以上の保有水準に達している。若者のあいだでは携帯電話は必須品であり、新しい機種への買い替えの周期も早い。

「上海のケータイ風景を演じる」WSは、2010年9月、中国の上海で若者達に人気のある繁華街で実施された。参加者は、上海に住んでいる20代の男性4人、女性2人。全員、大学時代からの親友であり、留学を準備中の男性1人を除いた5人は、会社員だった。

---

4 実際の寸劇のなかでは、「着メロ」ではなく「カラリン」という言葉が使われた。「カラリン」とは、電話をかけてくる人に聞かせるための通話連結メロディーである。電話をかけるときの連結音であることは「着メロ」と同じだが、「カラリン」は受話器のなかで電話をかける側だけに聞かせるための音楽であり、韓国の若者のあいだでは大変人気を集めている機能である。ここでは、読み手の理解のため、「着メロ」という言葉を使うことにした。

参加者は3人ずつ一つのグループを作り、「ケータイを演じる」活動を行った。制作に与えられた時間は20分程度。演示が終わった後、内容の詳細と制作意図について語ってもらった。

【寸劇 E. オフィス】（1分45秒）

■内容：舞台は上海にある会社のオフィス。上司（画面左の女性）と部下社員二人（男性1, 男性2）が働いている（シーン①）。「オフィスを任せる」といい上司が外出すると、残された二人は喜びを隠せない（シーン②）。2人は仕事をやる（シーン③）。しばらくしたら、

第6章　ケータイのパフォーマンス　129

仕事を止め、携帯電話を取り出し、さぼりはじめる。男性1は携帯電話でゲームをやりはじめ、男性2は携帯電話のイヤホンを耳に当てたまま、昼寝をする（シーン④）。上司から男性2へ電話がかかってくる。男性は慌てて携帯電話に出て「仕事は順調である」と報告する。ところが上司はすでにオフィスに戻っており、彼の後ろに立って様子を見ていた（シーン⑤）。上司はさらにゲームに夢中のもう1人の社員（画面の左側）を叱って携帯電話も取り上げる（シーン⑥）。ところが、席に戻った上司は取り上げた携帯電話をいじりはじめて、つい自分もゲームに夢中になってしまう（シーン⑦）。寸劇のなかで携帯電話は、いろんな用途で使われていた。仕事のための道具であるときもあれば、娯楽のための道具になるときもあった。その両面的なあり方が両立したり、衝突したりする局面が、皮肉なトーンでユーモラスに描かれた。

【寸劇F. 地下鉄】（1分20秒）

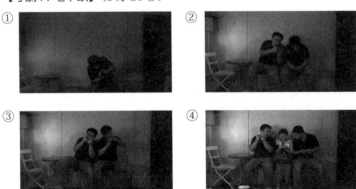

■内容：舞台は地下鉄。男性1が座席に座ったとたんズボンのポケットから携帯電話を取り出し、ゲームをやりはじめる（シーン①）。ゲームが進むにつれて体を激しく揺らす男性1。男性2が地下鉄に乗

り、男性1の隣の席に座る。男性1のゲームをやっている姿を見た男性2もポケットから自分の携帯電話を取り出す。すぐ同じくゲームをやりはじめる（シーン②）。男性1と2は互いの動きが気になる。それぞれゲームに夢中になり、激しく体を動かしながらゲームをやり続ける（シーン③）。そこにリュックサックを負った女性が入り、男性1、2のあいだの席に座る。彼女もすぐリュックサックのなかから携帯電話を取り出してゲームをやり始める。ゲームに夢中になって激しく体を揺さぶる彼女を男性1、2が唖然と見つめる（シーン④）。振り返りによると、寸劇のなかで描かれた携帯電話用のゲームは、「リッジ・ライダー」というカー・レース・ゲームだという。このゲームは上海の若者のあいだで大変人気であり、WS参加者は全員このゲームをやった経験があると語った。

「新潟の典型的なケータイ風景を演じる」

新潟市は、新潟県の県庁所在地として、人口約80万人の北陸地域の最大規模の都市である。米の産地として有名であるように、農業が基幹産業になっているが、製造業の比率も比較的高く、地域経済が活性化されている。携帯電話の普及率は2009年すでに90%（総務省統計局）を超えており、ほぼ完全普及の状態である。とくに若者層におけるケータイ利用は、首都圏と変わらない。

「新潟の典型的なケータイ風景を演じる」WSは、2012年8月、筆者が新潟大学で担当した「メディア表現行為論Ⅵ」という集中授業のなかで実施された。受講生とティーチング・アシスタント（以下TA）の8人が参加した。4人ずつ二つのグループに分かれて、「新潟の典型的なケータイ風景」を表す10分程度の寸劇を作る作業を進めた。準備時間が2時間半と長めに与えられていたため、しっかりしたストーリー性のある10分くらいの長めの寸劇が演じられた。

【寸劇 G. キョウコとタクヤとケータイ】（12分30秒）

①
②
③
④
⑤
⑥
⑦
⑧
⑨
⑩

■内容：新潟大学の一年生同士のキョウコとタクヤの淡い恋の物語である。入学式の日。新潟駅で友だちを待っているキョウコに、道に迷っているタクヤが接近、入学式の場所を聞く（シーン①）。キョウコは自分のスマートフォンで地図アプリを立ち上げ、タクヤに道順を教える（シーン②）。これがキョウコとタクヤの出会いであった。ある日、キョウコとタクヤは講義室で遭遇し、じつは同じ学部であることを知る。二人はメール・アドレスを交換し、友だちになる（シーン③）。テスト期間。タクヤはノートをキョウコに見せてあげる。キョウコはケータイ・カメラで彼のノートを撮る（シーン④）。

キョウコは県外出身のタクヤを長岡花火大会に誘う。花火大会の会場でタクヤは、飲み物を買いに行った際、道に迷い、電話をかけてキョウコのいる場所を確認する（シーン⑤）。花火の打ち上げが始まり、2人はケータイで花火の写真を撮る。キョウコはタクヤに彼女がいないことを知る（シーン⑥）。

秋の新大祭でキョウコは焼きそばの屋台の店番をしている。親友のカナがその姿を撮り、SNSサイトを通して共有する（シーン⑦）。キョウコの屋台にタクヤが女子先輩といっしょに来て焼きそばを買う。キョウコはタクヤに彼女が出来たのかと思い、がっかりする（シーン⑧）。一方、タクヤはキョウコが先輩との関係を誤解するのではないかが気になる。キョウコへ電話をかけようとするが、電池がなくなりやめてしまう（シーン⑨）。

いよいよ冬。キョウコとカナはクリスマス・パーティーを企画す

る。カナはパーティーの幹事役を申し出、メーリング・リストを通して皆を誘う（シーン⑩）。クリスマス当日、パーティーはすでに始まったが、タクヤはまだ会場に来ていない。駅に着いたタクヤからカナへ電話がかかってくるが、カナはタクヤを駅で待たせて、キョウコを駅へ走らせる（シーン⑪）。自分の気持ちをおさえきれなくなったキョウコは、『好きです』という文章の書かれたケータイの画面をタクヤに見せて告白を図る（シーン⑫）。

　参加者たちは、最初から男女の恋愛ドラマで寸劇を作る意図があったわけではないと振り返った。新潟の典型的な風景を描くため、四季の風景をそれぞれ表現したいという発想から、春は入学式、夏は花火大会、秋は学祭、冬はクリスマスといったように季節のイベントを大まかな流れとして設定した。それぞれの設定のなかでケータイを登場させるストーリーを思い出していった結果、ケータイを切り口に男女関係や友だち関係を描いた寸劇が仕上がったという。

【寸劇 H. ケータイとの一日】（1分20秒）

①

②

③

④

■内容：新潟大学通いの男子大学生の朝から晩までの一日を描いた寸劇である。朝。彼はケータイのアラームで一度起きたものの、二度寝してしまい、スヌーズ機能でようやく起きる（シーン①）。起きてすぐケータイを確認したら母からのメールがある。新潟方言で返事を送る（シーン②）。通学路にビラを配っている人がいる。ビラを無視するためにわざとケータイ画面をみながら街を歩く（シーン③）。授業中。講義がむずかしくて集中できず、チャットのアプリで友だちとメールで私語を交わす（シーン④）。昼食時間、朝のメールを友達へまちがって送ってしまったことが分かる。方言で書いたので友だちは意味がよく分からなかったようである（シーン⑤）。帰りの電車のなか、対話をほとんどせず、それぞれのケータイを見つめている3人（シーン⑥）。一人ずつ電車から降りてゆき、主人公の男子大学生独りになる（シーン⑦）。彼は家に着いてから料理を作る。料理が上手に作れたことに自己満足し、出来上がった料理の写真をケータイで撮る（シーン⑧）。

この寸劇は【寸劇G・キョウコとタクヤとケータイ】とは対照的に、独りでケータイを利用する場面がよく登場した。参加者た

ちの制作過程についての振り返りによれば、各自自分がどのような場面でケータイを使うのかという点を出し合って、まずリストを作り、それに基づいて寸劇を作ったという。

3　ケータイ、身体実践、都市空間

　「ケータイを演じる」実践は、ケータイを探る方法としての可能性が大きい。どのような文脈でどのような側面に着目するのかによって導き出せる知見もさまざまだろう。ソウル、上海、新潟という異なる場所で進められた「ケータイを演じる」実践のなかでも興味深い文脈をいくつか見出すことができるが、とりわけここでは、ケータイに関わる身体論にかかわる知見を例示したい。

身体実践の文化的意味
　「ケータイを演じる」活動のなかで演じられた身体実践のあり方を、行動の目的によっていくつかの文脈で分けて考えることができる。通話のために、メッセージを書くために、ゲームをやるため、というふうに、ケータイのさまざまな機能を使うために取られる身体実践がある。こうした部類の身体実践は、通話機能、チャット・アプリ、ゲーム・アプリなど、ケータイに施された技術内容に応じるものだ。それぞれの機能を使う目的は明示的かつ明確である。たとえば、【寸劇 A. ある大学生の一日】で演じられた「メールを書く」（シーン①）、「動画を観る」（シーン②）、「検索をかける」（シーン⑤）などの場面や【寸劇 H. ケータイとの一日】で演じられた「メールを読む」（シーン②）、「写真を撮る」（シーン⑧）などは、ケータイの

さまざまな機能を使う身体実践の様子をよく表していると考えられる。

　一方、必ずしも明示的な目的をもっているわけではないが、外部環境や条件によってやむを得ず取らなければならない身体実践もある。たとえば、【寸劇 F. 地下鉄】では、隣の人のゲームをやる動作に邪魔されていやがる乗車客の姿（シーン②）や結局同じくゲームに夢中になってしまう姿（シーン④）が描かれた。公共空間での身ぶりは、じつは主体の意図だけでコントロールされるのではなく、まわりの人びととの関係性やその場の規範によって枠づけられる。このような身体実践は、ケータイの機能を使うという明確な意図によってくり広げられるというより、その場の文脈によって求められる結果だろう。すなわち、このような身体実践は、明示的というより、規範的なものだといえよう。

　ところで、加えてもう一つの身体実践のあり方を考えることができる。無意識的な身ぶりの次元だ。日常習慣や慣れた生活環境に合わせて、あるいは、その場面の雰囲気や文脈に即興的に反応する身体実践もじつはたくさんある。これらの特徴は、文脈依存的であるため、その場面の条件や場面の文脈を全体的にとらえない限り、実践の意味あいを捕まえることさえむずかしい。主体が意図的にコントロールできるものでもなければ、じつは主体さえ気づかない場合がほとんどだからである。たとえば、【寸劇 G・キョウコとタクヤとケータイ】でキョウコがタクヤに道を教える場面（シーン②）がある。この場面でタクヤは上半身をうしろに引き、片手を顔の口辺りに当てる姿勢を取り、ちょっとした距離感を表現している。こうした無意識的な行動が、この範疇に入ると考えられる。

　Goffman（1963=1980）が述べるように、無意識的に取る表情、ジェスチャー、仕種や動作など、主体の意図とは無関係で自ずととられ

てしまう身体実践にもメッセージが込められている。個人意図に基づいているわけではないものの、社会集団内に共有されている社会意識や習慣、意味体系などの文化的要因によって文脈づけられているわけである。

「ケータイを演じる」活動では、ケータイにかかわる身体実践の三つのあり方がすべて可視化される。明示的な身体実践のみならず、場の文脈に合わせた身体実践、さらに無意識的な身ぶりの実践までが、研究者と演示者の目の前に容易に観察できる形で浮かび上がるのである。そのなかでもとくに、文脈依存的で文化的な身体実践のあり方に着目したら、次のような分析が可能である。

①「遮断する身体」

寸劇のさまざまな場面で演示された「ケータイを開く」という行動は、周りとは異なる自分だけの仕切りを作りたい、周りから遮断したいという意味合いを込めていた。したがってそれは、私の周りに私的な文脈に満たされた小さな「個室」を作り上げる空間的な実践でもあった。個人的で私的な文脈の小さな空間を自分の周りに出現させることで、他者との関係性を薄め、あの空間の集団的文脈を無くしてしまう。物理空間の社会関係を秩序づけている構造に逆らうことなく、個室を作る道具としてケータイが機能している場面が演じられた。

もっとも露骨にその儀礼的な身ぶりが表現されたのは、【寸劇H・ケータイとの一日】のシーン③、登校中の大学生が、わざとケータイを触ることを通じて、ビラを配っている人に声をかけてほしくないというメッセージを伝えようとする場面があった。「ケータイを開き、画面を見る」ことを演示することで、社会的に期待される振る舞い方に合わせつつ、外部からの介入を遮断する身体実践が見ら

れた。

　しばしば登場していた地下鉄のなかのシーンも同じ文脈で理解することができる。たとえば、ソウルの登校中の女子大学生は、地下鉄のなかで携帯電話を持ち上げてDMBを視聴している。(【寸劇A・ある大学生の一日】のシーン②)一方、新潟の大学生たちは、帰りの電話のなかでそれぞれのケータイ画面をひたすら見つめるだけ、互いに対話をしようとしない(【寸劇H・ケータイとの一日】のシーン⑥)。停車するたび、一人ずつ「さようなら」と短い一言を残して降りて舞台から消えてゆく(シーン⑦)。オープンされている場所ながらも、人びとは「ケータイを開く」ことによって「個室」を作り上げ、そのなかに引きこもる状況が描かれている。

　上海のサラリーマンの日常にも、同じ文脈が登場している。上司が外出した際は、オフィスにいながらも携帯電話を使うことでゲームをやったり、音楽を聴いたり、昼寝を楽しんだりしながら、時空間の文脈を自由自在にコントロールする(【寸劇E・オフィス】のシーン④)。

　携帯電話は、独りだけの享受空間を作り上げる機制であるが、外部的な条件、すなわち物質として存在する環境的な文脈を弱化させる機制でもあった。固定されている物理空間の文脈を、私的なものから公的なものに、あるいはその逆方向に自由に変容させるためのスイッチの役割をはたしているともいえる。こうした身体実践のあり方を、ここでは「遮断する身体」という局面と呼びたい。

② 共有・協調する身体

　ケータイはパーソナル・メディアだから、「遮断する身体」というあり方については、なるほどと思われる側面があるだろう。ところが、そうした局面とはまったく相違する身体実践も見られた。普

段は自分のために開かれるケータイを、他人に開放し、傍らの身体を誘い込もうとする場面も演じられたのだ。

　たとえば、【寸劇B・テレビ電話で誕生日会】では、テレビ電話に向かっていっしょに誕生日の言葉を伝えたり、祝いの唄を歌ってあげたりする姿が描かれた（シーン③）。また、【寸劇C・つまらない授業】では、退屈な授業に耐えきれない男子大学生が、筆箱のなかに隠した携帯電話を隣の女子大学生へと押し寄せる。この場面で携帯電話は、コンテンツを享受する共有空間を作り出す道具である一方、その共有空間に2人を物理的に近づけさせる道具として描かれた。

　一方、【寸劇G・キョウコとタクヤとケータイ】では、街に迷ったタクヤにキョウコが学校までの道順を教える場面（シーン②）で自らのケータイの中身を相手に見せることが演じられた。この出来事をきっかけにタクヤとキョウコが出会い、近づいていくわけだから、なかなか重要な場面である。2人の身体の振る舞い方は近くても遠い。同じケータイ画面を見つめなければならず、身体は近づくが、決して接触することはない。タクヤのちょっとかしこまった姿勢は、2人がまだ親密な関係ではないことを象徴的に表している。ケータイは現実空間において他人との距離を近づけたり、遠ざけたりする媒介役でもあった。

　キョウコがタクヤに恋を告白する場面（シーン⑫）はさらにドラマティックである。目の前に立っているタクヤへの告白の媒介役をするのは、ケータイである。キョウコは、自らのケータイへ「好きです」という文字を入れて、それをタクヤに見せることで自分の気持ちを打ち明ける。最も親密なものであるケータイを「見せる」までして、自分の「好き」という気持ちを強く表現するのである。ケータイは、親密な感覚を共有したいという、強力な演示手段になって

いる。

　ケータイをわざと共有したり、見せたりする行為は、相手との距離を意図的に縮めようとする持ち主の意図が身体化した結果として理解できる。それはたんに物理的距離の短縮を強いることではなく、むしろ心理的距離を縮めようとする情緒的な身体実践として解釈すべきだろう。こうした身体実践の局面を、前項の「遮断する身体」に対峙するものとして「共有・協調する身体」と呼ぶようにしよう。パーソナルなモノとしてのケータイを意識的に開放することで、他人との共有や協調を求める可能性として位置づけることができよう。

③　同調する身体

　さらに、外部環境による間接的な影響によって他人の身体動作に同調してしまうという場面も演じられた。たとえば、【寸劇F・地下鉄】は、地下鉄のなかでゲームをやっている乗客の姿が描かれた。地下鉄に乗った乗客一人がゲームをやっていくうちに、他人の身体も次第に連動していく。地下鉄の乗客らのあいだになんとなく同じリズムが出来ていく様子が描かれた【寸劇G・キョウコとタクヤとケータイ】のシーン⑥では、花火大会にいる人びとが一斉に自らのケータイを持ち上げて花火の写真を撮る場面が演じられた。パブリックな空間において大勢の人びとがそれぞれのケータイを使って一斉に写真を撮ったり、インターネットへアクセスしたりする経験はいまや珍しいことではないだろう。

　共同空間のなかでは、接触可能な距離にいる他人にある種の協調動作を起こしてもらわないと、何らかの行動を起こすのはむずかしい場合がある。「プロクセミックス proxemics」と呼ばれる空間研究では、他人と接しているときに周囲の人びとと一緒に踊っている

かのように動いてしまう連動動作やリズムに合わせる現象を「シンク・イン」（sync-in, Hall 1973=1979:86）という用語で概念化した。

　ケータイがこうした身体的な振る舞いの軸になりつつある。空間のさまざまな流れに関与する存在としてのケータイのあり方が浮かびあがった。ケータイを持ち歩く身体実践は、他人と共有する空間のなかで、他人の身体に連動したり、同調したりしながら展開する場所や空間を成り立たせている社会秩序や規範、雰囲気に合わせて自然にあるいは無意識に取られてしまう場合もある。そうした行動の局面を、ここでは「同調する身体」と呼ぶことにしたい。

都市空間を編み上げる身体

　以上の「ケータイを演じる」実践の分析を通じて浮かび上がったのは、ケータイに使う私たちの身体実践のあり方、そしてそうした身体実践が集合的に作り上げている空間のあり方である。ケータイを持ち歩く身体は、たんにその機能を使うために動くのではなく、さまざまな空間で、さまざまな文脈に合わせて「自己」を演出するためにも働く。ケータイの身体実践は、自分を取り巻く外部環境の文脈を、オフラインからオンラインへ、ときによっては、オンラインからオフラインに切り替えるという意味では象徴的なのだ。「自己」を外部環境から遮断する振る舞いだったり（「遮断する身体」）、「自己」が他人との共同作業や協調を求める振る舞いだったり（「開放する身体」）、あるいは、周りの人びとと同じ動きを取ることで社会と「自己」の共鳴する身ぶりだったり（同調する身体）する。それは、空間の社会的意味が個人の身ぶりによって実践される瞬間であると同時に、ケータイがその場の秩序にかかわる方式でもあるのだ。

　さらにいえば、ケータイを持ち歩く身体は、さまざまな社会的空

間の流れに介入することによって、その秩序を再構築する機制になる。Katz（2006）は、モバイル・メディアに関わる身体実践が物理的な空間のあり方にかかわる方式について次のことを述べる。

> 個人がパブリック空間を共有、ナビゲート、占有するさいに、どのような身体的なパフォーマンスを行うのかという観点からモバイル・コミュニケーションを探求することにもっと関心をもつと有益であろう。このようなプロセスに「ダンス」というタームを与えたら有用であろう。パブリック空間におけるモバイル・コミュニケーションの使用はある程度、ダンスのような形態を取る。なぜなら、その使用はしばしば、使う側のみならず、一緒にいる相手の空間と速度の調節を要求するからである。いいかえれば、こうした動作は一種の「振り付け」を伴わなければならないのだ（Katz 2006: 58）[5]。

ここで Katz が述べる「振り付け」というのは、2 で描写した「ケータイを演じる」実践のなかで浮かび上がった身体実践のあり方に合致する。さらに、誰でもケータイを持ち歩くという昨今の状況は、ケータイのもつ象徴的、文化的意味合いを増大させている。ケータイの身体実践は、もはや「振り付け」という個別的な局面を乗り越え、パブリック空間の流れを作り上げる集合的な局面に展開されつつある。

「遮断する身体」という局面は、都市空間のなかに無数の「個室」を出現させている。【寸劇 C. つまらない授業】で大学生が授業中に携帯電話を出して DMB を視聴する場面（シーン②）や【寸劇 H・

---

5 筆者による和訳。

ケータイとの一日】で退屈な授業中にスマートフォンのアプリケーションで私語を交わす場面（シーン④）が描かれた。これらの場面におけるモバイル・メディアは、物理空間のなかで外部環境から切り離された仕切りを作るという空間戦略の軸となっている。

　ケータイによって出来上がる閉ざされた個人空間は、現代都市空間のなかに独りだけの私的な空間を作り上げる「コクーニング（cocooning）のテクニック」（Ito et al 2009）にも関わる。さらに、ケータイによって立ち上がる個室空間は、しばしば連動し、まわりに伝播していく。電車のなかでケータイを持ち上げる「演出」は、「かかわってほしくない」という無言のメッセージを伝える一方、周りの人びともその「演出」に加わってくる流れを作り上げる。電車のなかは、共有された場としての文脈を失い、私的な安楽の「個室」の受け皿に転向する。その舞台においてケータイは、空間の公的な文脈を私的なものへ切り替えたり、または、私的な文脈を公的なものへ返還したりする機制としての役割を果たすのである。

　一方、「共有・協調する身体」の局面によって、ケータイを介して他者に親密に開かれる空間も立ち上がる可能性も見出すこともできる。テレビ電話に向かって『ハッピー・バースデー・トゥーユー』と声を上げて唄を歌うことや（【寸劇B. テレビ電話で誕生日会】のシーン③）、自分のケータイの中身を見せながら他人を助けようとする身ぶり（【寸劇G. キョウコとタクヤとケータイ】のシーン②）は、パーソナルな道具としてのケータイの潜在的可能性を見出している。他者から自分を遮断するというパーソナルな文脈に働くだけでなく、パーソナルだからこそ、自身を他者に開放するという方向でも実践されるのである。

　ケータイを持ち歩くことは、もはや都市の人びとにとっては当たり前のこと、いいかえれば、都市に置かれた身体の支配的なモー

である。ケータイは、都市空間の身体の振る舞いの軸になりつつある。都市空間のなかにいるさまざまな主体は、ケータイの「振り付け」を通じて、その流れの構築に介入・参加している。「ケータイを演じる」という実践は、ケータイが編み上げる都市空間の縮小版であり、普段なら見えない流れの意味を浮かび上がらせてくれる。

終章　ケータイのかくれた次元

日本に近づくモバイル風景

　筆者には、海外の空港や見知らぬ街で出会う人びとのモバイル・メディアに触れている様子を観察するくせがある。ケータイを研究するようになってから身についてしまった一種の職業病だが、仕事やプライベートで海外へ渡航する機会が頻繁な筆者にとっては立派な研究でもある。一、二度観るだけで新しい発見をすることは期待できないが、何年も観察し続けてみたら、それなりに見えてくるものがある。近年、その観察のなかで一つの変化が目立って目に入るようになった。十年前は日本と他の国のあいだでケータイを使う文化にかなりの差異があるように感じたが、最近はそのちがいが見えにくくなってしまったという点である。

　たとえば、筆者は、2008年に次のような文章をある文芸雑誌に寄稿した。

> 韓国でのケータイは回路を開けるためのツール、つまり「プライバシー → パブリック」というベクトルであるが、日本においてのケータイは、公共空間でバーチャルな自分の世界を創りだすためのツール、つまり「パブリック → プライバシー」というベクトルの表象だということだ。同じケータイであっても、日韓では、まったく反対の意味合いで使われていることが分かってくる。(金ヨニ「メディア人類学からの視点―可能からの研究者が語る「ケータイ小説」」、國文学平成20年4月号、第53巻5号、50頁)

この記述の根拠となったのは、日本の東京と韓国のソウルの地下鉄でケータイを使う人びととの風景の差異だった。ソウルの地下鉄は堂々とケータイを持ち上げ、大きな声で通話している人や車内でケータイ写真を撮る若者たちで賑やかな反面、東京の地下鉄はケータイの画面を静かに注視する人がほとんどである。ケータイが鳴ると慌てて車外に出てしまうのは地下鉄でケータイを使う行為自体が迷惑とされるからである。そのような風景のちがいにちなんで、これはメディアにかかわる文化的相違なのではないかという推論を展開したわけである。

　じつは、当時の議論の焦点は、日韓の文化的差異を強調するというよりは、日本のケータイ文化の特有性を浮き彫りにすることにあった。地下鉄のなかでケータイを使うこと自体を禁忌視することは日本に目立つ傾向であった。韓国のみならず他の国では他人へ明確な迷惑にならない範囲ならば、公共場所で声を出して通話することに対する拒否感は少ない。なぜ日本は、「モバイル先進国」でありつつも、そこまでモバイル利用を遠慮するのか。筆者だけでなく、海外のモバイル研究者たちも口を揃えていた。一方ではそうした日本の利用文化こそ、個人主義の志向の日本社会を反映したものと解釈されていた。

　ところが、最近はちょっと事情が変わったと思われる。日本と海外の差異をあまり感じないようになったのだ。どちらかというと、他所の都市風景が日本のものに近づいてきた。ソウルでも上海でもロンドンでも、地下鉄のなかは、静かに自らのモバイル・スクリーンを凝視している人でいっぱいだ。昔は日本でなければ見られなかったその光景がいまや世界のどこでも共通に見られるものになったのだ。人びとは毎日モバイル・メディアを使っていくうちに、その小さなスクリーンに集中する心地よさを悟ってしまった。いまや

世界中でモバイル・メディアの中にくり広げられるバーチャルな世界は物質的空間を圧倒してしまう場面がくり広げられている。地下鉄の風景を比べてケータイの比較文化論を展開しようとした筆者の意図は見事に外れたが、その一方、日々の実践の中心としてモバイル・メディアという物質的な仕切りの存在感が明確に見えてきたことは収穫でもある。

　そうした変化の内訳については今後時間をかけて探るべきだが、とりあえず、それが何を意味するのかについては再考する必要があるだろう。ケータイはきわめて個人的な道具であるが、その属性を支える条件として物質性に目を向ける必要がある。身体に密着して使えるという物質的条件は、それに毎日触れ合う私たちの日常実践の有り様に影響を与える。モバイル・メディアに触れ合う日常実践に個人主義的な傾向が強まってくる。物質条件としてケータイは人びとに与える影響として読みとることができよう。日常の道具としてケータイの存在感が増大するのにつれて、身体実践によって営まれる生活にはどのような変化が起こるのだろうか。さらに、そうしたことによって周りの風景にはどのように変わってゆくのか。こうした問いは、本書のとりくむ「ケータイのかくれた次元」にかかわるものでもある。

ケータイの日常実践、注目されない事象

　本書を貫いて語ってきたのは、普段あまり注目されない、ケータイの日常的なあり方であった。ケータイは、常に身の回りにころがっており、ついついそれに手を出してしまう。使用場所や使用時間を特定することはむずかしく、無意識な身ぶりや習慣的身体実践に細かく関与する。そうしたことは、情報通信用の端末機という機能的側面だけでは完全に理解することができない。物体としてのケータ

イの特徴や体に密着している感覚など、より文化的かつ身体的な側面として理解しなければならない。

　ケータイが生活に欠かせないメディアになったという話をよく聞く。たしかに、日々の生活のなかで情報通信機器の役割が増大した。時々刻々インターネットに接続しニュースを確認したり、必要な情報をすぐ検索をしたりする。ソーシャル・メディアやチャット・アプリはもはや社会生活を営為するうえで必須のものになったのだ。ところが、ケータイが無くてはならないという思いは、単に機能性や利便性の次元の問題だけではないだろう。実際に使うか否かは別問題で、ケータイを持っていなければ落ち着かない。ケータイを持ち歩くという状態を保ちたいという欲望は、明確な必要性の次元の問題のみならず、心理的安定や情緒、感覚の次元にも関わる。そうしたことは、第5章の「ケータイを語る」という実践活動についての分析を通じても知ることができた。ケータイというモノに対する思いが、非常に個人的な文脈でありながらも、当事者にとっては重要な意味を含んでいることが浮き彫りになった。

　本書では「内部者のアプローチ」という文化人類学の知見を通じて、ケータイにかかわる感覚や実践のさまざまな側面を記述することを試みた。そのあり方は、専門技術についてはまったく無知である素人によるつまらない言明や評価のように聞こえるかもしれない。だが、そうした陳腐でつまらない性質こそ、最も進んだ情報社会の本質に接続しているだろう。ケータイのある日常は、情報通信の利用という明示的な次元だけでなく、身体と空間のあり方という無意識的かつ実践的次元によっても成り立つ。むしろ後者こそ、成熟したモバイル社会で見つかるテクノロジーの顔である。高度な技術商品としてのあり方と陳腐な日常品としてのあり方が矛盾しながら共存するということこそ、現代メディアの素顔である。

調査と異化のあいだ：実践的かつ再帰的アプローチ

ケータイの日常的なあり方は日常すぎて気づきにくい。そのような認識論的な限界を乗り越えるため、本書では「異化する」というちょっと変わったアプローチをとった（詳細は、第3章）。第5章と第6章でそれぞれ紹介した「ケータイを語る」、「ケータイを演じる」というWS実践は、ケータイを異化するという思考作用を起こすための場として用意された。それにはもちろん、「自明な出来事」となったケータイのあり方を調べるという研究としての目的があった。さらにつっこんだ言い方をすれば、当事者も気づかないケータイのあり方を自ずと浮かび上がらせ、使用者だけでなく、研究者も一緒に気づかせる機制として活用したのである。

異化というアプローチは、ケータイの使用者だけでなく、研究者にとっても覚醒のきっかけを与える。同じくケータイを利用しているという文脈では、研究者と使用者の立場は、ともに当事者ということになる。そうした考え方に基づいた研究法なわけだから、研究者が自らについての省察過程のなかから知見を求めてゆく再帰的なアプローチとして位置づけることもできる。

一般的にメディア調査は、事前に研究対象と目的を立て、それを追究している調査過程を明確に、さらに言えば予想可能なプロセスをつくって組み立てる。ところが、WSのような実践型研究においては、研究者がすべての過程を完全にコントロールすることができない。実践内容をデザインする過程で部分的に介入することはできるが、実際に実践結果の鍵を握っているのは実践への参加者なのである。同じプログラムを同じ参加者たちと複数回行ったとしても同じ結果が出るとは限らない。したがって、WSの結果はいわば「内部者の視点」には充実しているかもしれないが、簡単に一般化することは適切ではない。「内部者のアプローチ」に徹底することこそ、

実践的アプローチの持ち味だともいえる一方、その結果を研究の知見と直接的に結びつけることがむずかしいというのは欠点になる。

にもかかわらず、実践的で再帰的なアプローチのメリットは十分にあると考える。ケータイのように広範囲の文脈にその影響が広がっており、その社会文化的なあり方が常に変化している対象にとりくむのに、厳密性と予想可能性を強調する既存の方法論では限界が大きい。枠組み自体を柔軟に見直し、議論の根本を成す射程自体を広げる必要も出てくる。最近メディアの研究法として実践的かつ再帰的なアプローチが注目をされていることは、今までのアプローチの限界を乗り越える必要性が切実に出てきたからである（Pink 2012, Kim 2013, Pink 2015）。

最近海外の研究者のなかで実践的かつ再帰的なアプローチや研究法についての試みが活発になされていることに対して、日本のメディア学界はそうした新しいアプローチを取り入れるのにまだ消極的な印象がある。本書で紹介した理論と事例が、メディア研究における新しいアプローチに接近するためのスタートポイントになることを願う。

モバイル技術によって具現されたさまざまな可能性は、社会をより快適で便利なものにしただけでなく、個人の生活のなかにこれまではなかった厄介な困難と不安を生じさせている。これらは、技術が必然的に孕んでいるリスクだともいえるのだが、それをいかにして乗り越えていくのかという問題は、技術的な側面だけで簡単に解決できないだろう。しかしながら、情報技術のリスクを減らすための社会的議論が、産業や法規、制度などのマクロな側面に集中しており、技術を実際に使う当事者の日常生活という微視的かつ実践的な側面についての関心は薄いという現状は、大変残念に思えて仕方がない。

本書は、情報技術をめぐって、個々人の文脈にしっかり焦点を当てることで、明示的な「知見」より、可変的で不完全な「実相」を記述する試みとして位置づけられる。というのも、不完全ではありながらもそうした「実相」こそ、現代社会におけるモバイル・メディアのリアリティーだと考えたからである。逆にいえば、ケータイのリアリティーは、そうした可変的で不完全な形にしか立ち上がらない。情報技術のあり方を、個々人の文脈のなかでしっかり掴むことは、情報社会を理解するうえで最も重要な作業である。とくにケータイというパーソナル・メディアの存在感がますます大きくなってくる昨今、そのリアリティーを担う単位として「個人」という文脈の意味合いは決して小さくない。

　情報技術社会は、技術を語る一枚岩的理想ではなく、個人の小さなものがたりとさりげない身ぶりの積み重ねで成り立つものだろう。そうした問題意識をさらに追究していきたいという決意で終わりたい。

あとがき

　最初にモバイル・メディアを研究しようと思ったきっかけは何だっただろうか。筆者は2005年に来日したが、その直前まで韓国のインターネット企業でばりばり働いていた。来日したばかりの筆者にとって、当時日本の若者たちのケータイの使い方は衝撃的だった。どうしてそんな小さなケータイに長時間はりついていられるのか。長い文章を読むのはもちろん、じつはケータイで小説まで書けてしまうではないか。そのことを見て感じた大きな驚きは未だに忘れられない。

　当時、韓国でも携帯電話はかなり普及していた。老若男女を問わず、誰でも一台は持ち歩くという状況は日韓同じだった。だが、韓国では、パソコンとインターネットのコンビネーションこそネットワーク時代の表象であり、筆者もその可能性に魅了された一人だった。90年代後半、新聞記者を辞めて、インターネット企業に転職したきっかけも、紙媒体の未来に疑問を感じたからだった。ところが、日本の「ネットワーク時代」は、明らかに異なる色のダイナミズムを吹き出していた。小さくて軽いケータイ。その物体としての限界にもかかわらず、生み出されるクリエイティビティーの限りなさに驚く一方、何でもかんでも一人称視点に矮小化してしまう枠の存在になんとなく不都合を感じたのも事実である。そうした複雑な違和感こそ、ケータイに向けられる問いの元になっている。

　「ガラパゴス・ケータイ」という皮肉な表現が表しているように、日本のモバイル社会の展開は、最初から他の地域とは異なる様相を帯びていた。筆者は、ケータイについての研究を進めてゆくなか、そうした様相をいわば単一の文化的共同体として「日本」や「日本

文化」を想定する論と結びつけて理解する考え方が意外と受け入れられていることが分かった。独特なケータイ文化こそ、ウォークマン開発のサクセス・ストーリでも示された、ディテールに強い日本文化の縮小志向を反映しているとか。じつは、パソコンをミニマライズしたことで世界的な成功を収めた米アップル社のiPhoneで、そうした考え方は見事に覆されたわけだが。しかしとはいえ、ケータイ文化のあり方をめぐってはその特異性を強調する思考傾向があるという印象はいまだに否めないのである。

いわゆる「ニューメディア」と呼ばれるテーマに関して、日本では、アメリカやヨーロッパを中心に進められてきたコミュニケーション研究やメディア研究といった流れとは別路線として分厚い研究成果と独自の解釈が蓄積されている。社会構成員の声と経験に密着している知見の重要性は強調してもしきれないだろう。しかし、日本の学界に、西欧の学問的前提と成果を日本の学問のあり方にそのまま当てはめることに対する拒否感も幅広く存在するといえよう。

すなわち、ケータイの利用様相を日本社会の、あるいは、日本文化の内向きのありようとして位置づけようとする傾向が強い。そのあまりに、ケータイというメディアが置かれているユニバーサルかつグローバルな文脈を読み解こうとする目線は相対的に乏しいという結果になっている。というのも、筆者が日本で学んだ研究者でありながら、実際には長年、隣国のメディア現場で働いていた外国人であるからこそ、見えてくる課題かもしれない。日本の学界では「日本社会」という前提が当たり前になっていることに違和感を感じたことはしばしばある。じつは、日本で学んだ研究者でありながら、外国人の目線をもっていることは、研究と執筆過程を通じて苦しい経験を与えてくれた。内部者としての共感と、外部者としての違和

感のギャップのあいだで常に悩みながら、一つ一つの文脈を確かめなければならなかったからである。

　そうした意味で本書は、日本学界の内部者の視点と外部者の違和感をまたがっているという、中間者的な立ち位置に置かれる。その中途半端な位置づけから、悩み深かった筆者の探求過程を少しでも感じていただければ幸いである。さらに、それを昨今のモバイル研究に対する真実な問題提起として受け取っていただけたらそれ以上望むことはない。

　本書は、平成 26 年 4 月に東京大学大学院学際情報学府で受理された博士学位論文『ケータイのかくれた次元：モバイル・メディアをめぐる解釈的メディア論』に大幅に修正を加えたものである。本研究および本書の執筆にあたり、多くの人に大変お世話になった。指導教官の水越伸先生（東京大学大学院教授）は、外国人研究生だった時代から修士課程、博士課程までご指導いただいた。三十半ばになって学問の道に入りたいと何も知らずにやってきた外国人を快く研究室に入れていただいただけでなく、MoDe を含め、先生の進めておられたさまざまな実践研究プロジェクトにも仲間入りを許していただいた。先生のご指導とご配慮の下で、メディア論の神髄を学び、当時の筆者にはまったく未知の世界だった日本社会にうまく根付くことができた。どんなに感謝してもそのご厚意に応えることはできないだろう。

　修士課程では吉見俊哉先生（東京大学大学院教授）に、博士課程では北田暁大先生（東京大学大学院准教授）に副指導教官を引き受けていただき、文化社会学や歴史社会学まで幅広く学んだ。ほかに、山内裕平先生（東京大学大学院教授）、岡田朋之先生（関西大学教授）、原知章先生（早稲田大学准教授）に本書の元である博士学位論文の審査委員を勤めていただいた。審査課程でいただいた的確なご指摘

が、博士学位論文を執筆するうえで大変お役に立っただけでなく、本書を編み上げる際にも大変貴重な材料となった。いろんな方々に大変助けていただいたこその結果物だとはいえ、当然のことながら、本書の内容の至らないところはすべて筆者に責任がある。

　分厚く蓄積されているケータイに関する先行研究は、絶えずに自分の知的好奇心を刺激し、研究を続けられる原動力だった。とくに情報通信学会のモバイル・コミュニケーション研究会の研究仲間との交流の中で得られた知見と知恵は、この研究を進めるうえで最も大事な滋養分だったと考える。感謝してもしきれない。

　ほかに、本書の出版をご快諾してくださった株式会社クオンの金承福社長と、未完の原稿に何度も目を通して的確なアドバイスをくださった黒田貴史さんにも深く感謝したい。本書が、一冊の書物として留まることなく、株式会社クオンが目指して頑張っているように、日韓両国間の学問的な交流のきっかけとなることを願う。

　本書の研究は、文部科学省科学研究費補助金基盤研究（C）『アジア地域におけるモバイル・メディアの文化的受容に関する比較文化的研究』（課題番号：25511002）の助成を受けて進められた。また本書の出版は、平成27年度の神田外語大学出版助成によって可能になったということを報告する。

　最後に、長くてつらい道中、何度も挫けそうになった筆者を、ときには慰め、ときには叱りながら、いつも強かな後見役を勤めてくれた相方、高動虎に感謝の旨を伝えたい。

2015年11月　東雲にて
著者

付録　本文で紹介したケータイ・ワークショップの詳細

　第5章と第6章でそれぞれ取り上げた「ケータイ・ストーリーテリング」WSと「ケータイを演じる」WSの進め方を詳細に紹介する。これらのWSの目的は、たんにケータイを研究することにあったわけではなく、私たちの日常のなかでケータイのあり方をふり返り、メディアとしてもつ豊かな意味を発見、吟味することにある。準備過程が比較的にシンプルで活動内容も簡単であるため、モバイル・メディアに関する教育的プログラムとして適していると考えられる。教育や実践現場でこれらの活動を行いたいという読者のために、具体的な進め方を紹介したい。

1　ケータイ・ストーリーテリングWS

■　概要

　「ケータイ・ストーリーテリング」WSは、「ケータイについて語る」というごく簡単な活動である。「ケータイ・ストーリーテリング」の目的は、ケータイに関する自己記述のきっかけを作ることにある。ふだんケータイについて話すことは少ない。非常に個人的な思い出だったり、仕方ない些細な出来事だったりするため、話す機会がないだけでなく、とくに話したいとも思わないかもしれない。このWSは、そうしたケータイのさりげない文脈を、自己記述を通じて言語化、可視化することを通じて、私的なモノとしてのケータイのあり方を浮き彫りにし、パーソナル・メディアの社会文化的意味を吟味するきっかけを作ることができる。

■　プログラム

［目的］
- ケータイについての個人的な思いや経験を語ることによって、パーソナル・メディアとしてのケータイについての認識と理解を深める。
- 携帯品としのてケータイに注目することで、身近なメディアとしての仕組みと可能性を知る。

［特徴］
- 短時間で完結できるプログラムであり、実施環境や文脈に合わせて柔軟にアレンジできる。
- ケータイについての専門知識をもつ必要はない。むしろケータイの専門家が参加した場合は、技術的な話にならないように気をつけること。
- 自分の文脈でモバイル・メディアについて考えてみる機会をもち、情報社会におけるパーソナル・メディアのあり方についてあらためて気づかされる。

［前提・必要条件］
- 必ずしも自分のケータイがある必要はないが、ケータイについて何かの経験があること。
- オブジェ制作のため、デジタル・カメラが必要。
- ふり返りと話し合いのため、パソコン、プロジェクター、発表するための空間が必要。

■ 進行表

時間の流れ	活動内容	人の動き	備考
1.導入（15分）	WS趣旨と活動内容の説明	【ファシリテーター】WSの意義・全体像・手順を説明する。	
2.解剖（20分）	ケータイにかかわるエピソードや思いを掘り起こす　　　　　　　　【必要なもの：ブレインストーミング用の紙と筆記具】	【参加者】自分のケータイにかかわるエピソードや思いを一つだけ掘り出して、物語の素材を決める。【ファシリテーター】「ケータイにかかわる最近のエピソードを思い出してみましょう」とか、「自分のケータイが他人のものと区別されるユニークな点はなんでしょうか」というふうに話をかけながら、対話できる雰囲気のなかで素材を見つけるように支える。	真剣になる必要はない。むしろ真剣になりすぎると、ケータイについての技術的な説明や一般的な言説に傾きがちである。遊び感覚や冗談めいた話でもいいので、深く考えないで即興的に思い出せる話を物語の素材にするように促す。グループで話し合いながら進めてもいい。
3.制作（20分）	個人の「オブジェ」を作る　　　　　　　　　　　　　　【必要なもの：デジタル・カメラ】	【参加者】第一段階で決めた物語の素材を表す一枚の写真を撮る。活動のなかでこの写真は、各自の作品という意味で「オブジェ」と呼ぶ。【ファシリテーター】写真を撮る作業を手伝ったり、写真を撮る役に回ったりしながら参加者をサポートする役割を遂行する。	どんなオブジェを作るのかは参加者に任せられる。ケータイの本体を撮ったり、一部分だけをクローズアップしたり、ケータイを使っている模様を再現し演じることも可能である。

4. ふり返り (30分)	ケータイ・オブジェについて他人の前で物語る 【必要なもの：PC, プロジェクター】	【参加者】それぞれのオブジェをみんなで見せあう。他の参加者の前で自分のオブジェについて物語る。どのような思いでオブジェを作ったのか、あるいは、どのようなエピソードがあったのか、などについて自由に語ってもらい、質問がある時には答える。 【全員】ファシリテーターや他の参加者が質問を投げ、発表者がそれに答える形で対話的な雰囲気を作り上げる。	自分の経験を語るだけでなく、他人から反応を返されることで、気づきや学びが深まる。
5. まとめ (15分)	全体のふり返りとまとめ	【ファシリテーター】活動を全体的にふり返り、やったことの意味について整理する	

※時間は目安であり、実施にあたって調整することができる。

■ 実施に当たって

- 完結されたプログラムとして単独で行うこともできるが、他のWSやイベントの導入部で部分的に活用することもできる。

- 参加者の作ったものがたりをその場で可視化するための工夫をすることで、活動へ参加するモチベーションを上げることができる。写真は筆者がフィリピンのマニラで行った実践ブースの様子だが、参加希望者が他の参加者たちのオブジェやキーワードをその場で閲覧することができるように、タブレットPCや壁に貼付ける付箋などを事前に用意していた。
- ケータイについての専門知識や関心がなくても誰でも気軽に参加できるし、活動内容と準備物も簡単である。短い時間内ですべての活動を完結できることが実践プログラムとしての強みである。
- 「ケータイについて語る」という活動を骨子にして、さまざまな応用版を作ることができる。本文で紹介された「ケータイものがたり」、「私の○○のケータイ」、「Mobile story collector」（前頁図）などのように応用できる。

2　ケータイ風景を演じるWS

■　概要

「ケータイを演じる」WSは、身体的実践を通じてモバイル・メディアのあり方について考えるという実践活動である。モバイル・メディアは、日常生活に深く浸透し、ふだんどのようにそれをふり回し、実際に使っているのかなどを気づきにくい。この活動は、身体表現という非日常的方法を通じて、当たり前になってしまったモバイル・メディアのあり方を浮かび上がらせる。

■　プログラム

[目的]
- 自分が住んでいる街の典型的なケータイ風景を想像し、自ら演じ

てみることによって、モバイル・メディアの社会文化的状況について深く理解する。

［特徴］
- 自分のケータイ経験を、身体表現を通して可視化してみる。
- 参加者たちがいっしょに寸劇を作る協調的な活動のなかで学ぶ。
- ケータイを中心に、身体と空間、他人との関係性の文脈を実感することができる。

［前提・必要条件］
- 参加者はケータイの所持者であることが望ましい。
- 小規模の寸劇を演じ、数名が観覧することができる空間が必要である。
- 寸劇の小道具として、スケッチ・ブックとペンを用意すると活用度が高い。他に、机、椅子など、周りにあるものを自由に使える環境であると良い。
- 寸劇を撮影する場合は、舞台を俯瞰できる場所にあらかじめムービー・カメラと三脚を設定しておくこと。

■ 進行表

時間の流れ	活動内容	人の動き	備考
1. 導入	WS趣旨の説明と活動の準備		
1-1. 導入 （20分）	WS趣旨と活動の説明	【ファシリテーター】 WSの意義・全体像・手順を説明する。	

1-2. グループ作り （15分）	グループ作り	【参加者】3〜4人程度でグループを作る。	グループ・メンバーのあいだに面識がない場合は、別途のウォーミングアップ活動を行ったほうがいい。
2. 思い起こし （30分）	ケータイにかかわる経験、エピソードや思いを掘り出す。 【必要なもの：ブレインストーミング用の紙と筆記具】	【参加者】ケータイにかかわる経験やエピソード、思いを語り合う。その活動での感想や思いが、後の活動で素材として活かされる。 【ファシリテーター】いきなり寸劇を作る活動をやってもらうのではなく、参加者が自らのケータイの経験をふり返る時間を十分もつようにする。	この段階でモバイル・メディアについてのレクチャーや前章で紹介したケータイ・ストーリーテリングWSを行ったり、寸劇の舞台になる街についての調査をしたりし、モバイル・メディアをめぐる思いや考えを確かめる機会を与えることもできる。
3. 計画	街の典型的なモバイル風景を表す寸劇を計画する。	【参加者】自分の経験や街の風景を取り入れつつ、街の典型的なモバイル風景を表す寸劇を作る。	寸劇の長さは与えられる制作時間に合わせて調整可能。半日で終わる一回WSでは2〜3分、数十時間をかけて進める授業では10分程度が適切である。
3-1. 制作 （60分）	寸劇を制作する。 。【必要なモノ：スケッチ・ブック、ペンなどの小道具】	【参加者】①寸劇のストーリーを作る ②寸劇に題目を決める ③役者を決める ④舞台配置を決める ⑤必要に応じて小道具を用意する ⑥演技練習を行う ⑦リハーサルを行う活動を順番に進める。	基本的に寸劇作りの全過程にはグループに任せるが、メンバー全員が演じる活動に参加することを条件づける。

3-2. 上演 （10分）	寸劇を演じる。	【参加者】「典型的なケータイ風景」を表す寸劇を、他のグループの前で上演する。	
4. ふり返り （20分）	寸劇の制作意図を発表し、演じる経験についてふり返る。	【参加者】グループ毎に企画意図や個人的な感想を語る。 【全員】全員が参加して、寸劇の内容と趣旨についての感想を語り合い、ディスカッションを行う。	
5. まとめ （20分）	全体のふり返りとまとめ	【ファシリテーター】活動を全体的にふり返り、やったことの意味について整理する。	

※ここに示す時間は目安であり、実施にあたって調整することができる。

■ 実施に当たって

- 「ケータイを演じる」活動は、「ケータイ・ストーリーテリング」活動より本格的であり、単独のWSプログラムとして行うことを勧める。
- 寸劇に求めるレベルが高いわけではないが、活動自体には意外性があるため、最初は参加者たちがむずかしく感じることもある。事前に「ケータイ・ストーリーテリング」のようにより簡単な活動を行ってもらうなど、参加者同士のラポール形成のための工夫が望ましい。
- 「典型的なケータイ風景を演じる」というもの以外に、筆者は「ケータイ風景を想像して演じる」、「新しいケータイをデザインし、その使い方の風景を演じる」などという応用版も実施している。

参考・引用文献一覧

【日本語文献】

天笠邦一(2010)「ケータイ利用とコミュニティ形成の世代間比較――ティーンエイジャーとママ世代にみる類似性と差異」平成22年度情報通信学会大会、モバイル・コミュニケーション研究会発表資料

"_____"(2012)「ケータイ利用を「調べる」困難さ」岡田朋之・松田美佐共編『ケータイ社会論』有斐閣、117頁

飯田卓・原知章編(2005)『電子メディアを飼いならす――異文化を橋渡すフィールド研究の視座』せりか書房

飯田豊(2006)「「無線電話」の系譜学――モバイルメディア・ヒストリーへ向けて」『Mobile Society Review 未来心理』6号、NTTドコモモバイル社会研究所、54-63頁

石井研士編著(2010)『バラエティ化する宗教』青弓社

伊藤昌亮(2007)「ケータイの風景を演じる：パフォーミング・エスノグラフィーによる比較文化の試み」水越伸編『コミュナルなケータイ：モバイル・メディア社会を編みかえる』岩波書店、87-108頁

"_____"(2011)『フラッシュモブズ――儀礼と運動の交わるところ』NTT出版

梅棹忠夫(1969)『知的生産の技術』岩波書店

太田好信(2001=2009)『民族誌的近代への介入』人文書院

岡崎武志(1998)『文庫本雑学ノート』ダイヤモンド・グラフィック

岡田朋之(1997)「ケータイメディア論のすすめ――ポケベル・ケータイこそマルチメディアである」富田英典・藤本憲一・岡田朋之・松田美佐・高弘伯彦『ポケベル・ケータイ主義！』ジャストシステム、6-13頁

"_____"(2000)「移動体メディアと日常的コミュニケーションの変容」山崎正和・西垣通編『文化としてのIT革命』晶文社

"_____"(2002)「ケータイから学ぶということ」岡田朋之・松田美佐編『ケータイ学入門』有斐閣、3-19頁

岡田朋之・富田英典・松田美佐(2000)「移動メディアの受容と変容」NTTオープン・ラボ企画・黒崎政男監修『情報の空間学――メディアの受容と変容』NTT出版、220-241頁

岡田朋之・松田美佐編(2002)『ケータイ学入門』有斐閣

岡田朋之・松田美佐編(2012)『ケータイ社会論』有斐閣

小川明子(2010)「ストーリーテリングと地域社会——虫の目から作りかえる世界」、松浦さと子・川島隆編著『コミュニティメディアの未来——新しい声を伝える経路』晃洋書房、211-224頁

小川明子・阿部純・伊藤昌亮・溝尻真也(2010)「記憶を揺り起こすストーリーテリング実践」愛知淑徳大学『アクティブラーニング』3号1-20頁

奥野卓司(1990)『パソコン少年のコスモロジー』筑摩書房

"＿＿＿＿＿"(2009)『情報人類学の射程』岩波書店

小平さり子(2009)「メディア影響研究の新展開に向けて——テレビ時代以降の研究動向を基に」第16回日本教育メディア学会年次大会発表論文集、「現代社会におけるメディアの影響——ケータイと子どもの関係を問う」シンポジウム、1~2

加藤秀俊・前田愛(2008)『明治メディア考』河出書房新社

加納寛子(2009)『即レス症候群の子どもたち：ケータイ・ネット指導の進め方』日本標準

川添登(1982)『生活学の提唱』ドメス出版

ガーフィンケルほか、山田富秋・好井裕明・山崎敬一訳(2004)『エスノメソドロジー：社会学的思考の解体』せりか書房

北俊一(2006)「携帯電話産業の国際競争力強化への道筋：ケータイ大国日本が創造する世界羨望のICT生態系」、野村総合研究所『知的資産創造』Vol. 14, No.11, 2006年11月号、48-57頁

怪談レストラン編集委員会(2001)『ケイタイ電話レストラン』童心社

金曘和(2010)「パフォーマンス・エスノグラフィー手法を用いたケータイ研究の可能性—文化人類学の視座の示唆」日本情報通信学会『情報通信学会誌』95号、75-85頁

金曘和・松下慶太・羽渕一代(2012)「モバイル社会の多様性—韓国、フィンランド、ケニア」岡田朋之・松田美佐共編『ケータイ社会論』有斐閣、199-224頁

金ヨニ(2008)「メディア人類学からの視点——韓国からの研究者が語る「ケータイ小説」」學燈社『國文学』第53巻5号46-53頁

クラパンザーノ、ヴィンセント(1986=1997)「ヘルメスのディレンマ」、

Clifford, J. & Marcus, G..（Eds.）. Writing culture: The poetics and politics of ethnography. ＝春日直樹・足羽與志子・橋本和也・多和田祐司・西川麦子・和迩悦子『文化を書く』紀伊國屋書店、93-139 頁

木暮祐一(2007)『電話代、払いすぎていませんか？── 10 年後が見えるケータイ進化論』アスキー新書

今和次郎(1987)『考現学入門』筑摩書房

是永論・五十嵐素子(2006)「携帯メール：「親しさ」にかかわるメディア」山崎敬一編『モバイルコミュニケーション──携帯電話の会話分析』大修館書店、119-143 頁

近藤雅樹・高津美保子・常光徹・三原幸久・渡辺節子(1995)『魔女の伝言板：日本の現代伝説』白水社

西條貴介編(2008)『携帯都市伝説』竹書房

佐藤健二(1995)『流言蜚語：うわさ話を読みとく作法』有信堂

"＿＿＿＿＿＿＿"(2012)『ケータイ化する日本語──モバイル時代の「感じる」「伝える」「考える」』大修館書店

佐藤毅(1990)『マスコミの受容理論』放送大学出版局

鈴木謙介(2008)「なぜケータイにはまるのか」南田勝也・辻泉『文化社会学の視座─のめりこむメディア文化とそこにある日常の文化』ミネルバ書房、106-127 頁

清水幾太郎(2011)『流言蜚語』ちくま学芸文庫

鄭朱泳・水越伸(2007)「ケータイを異化するために」水越伸編『コミュナルなケータイ』岩波書店、70-86 頁

小学館(2005)『日本語新辞典』小学館

庄司浅水(1978)『日本の書物：古代から現代まで』美術出版社

高橋雄二郎・鈴木健編著(2011)『パフォーマンス研究のキーワード──批判的カルチュラル・スタディーズ入門』世界思想社

田畑暁生(2004)「夢野久作と電話」『情報通信学会誌』 Vol 21. No.2-3. 37-45 頁

月尾嘉男・浜野保樹・武邑光裕編著 (2001)『原典メディア環境 1851 ～ 2001』東京大学出版会

辻泉(2007)「ケータイの現在──アドレス帳としてのケータイ」富田英典・南田勝也・辻泉編『デジタルメディア・トレーニング──情報化時代の社会

学的思考法』有斐閣
辻泉（2009）「電子化された「記憶」を辿る：携帯電話を元にした質的調査法の探求」日本マス・コミュニケーション学会 2009 年度秋季研究発表会ワークショップ 9、配布資料
辻大介（1999）「若者のコミュニケーションの変容と新しいメディア」橋元良明・船津衛編『子ども・青少年とコミュニケーション』北樹出版、11-27 頁
常光徹（1993）『学校の怪談：口承文芸の展開と諸相』ミネルヴァ書房
東京電信通信局編（1958）『東京の電話・その五十万加入まで. 上』電気通信協会
東京大学社会情報研究所（1997）『日本人の情報行動 1995』東京大学出版会
"＿＿＿＿＿＿＿＿＿＿＿＿＿＿＿＿＿"（2001）『日本人の情報行動 2000』東京大学出版会
富田英典（1994）『声のオデッセイ：ダイヤル Q２の世界――電話文化の社会学』恒星社恒星閣
"＿＿＿＿＿＿"（2009a）『インティメイト・ストレンジャー――「匿名性」と「親密性」をめぐる文化社会学的研究』関西大学出版部
"＿＿＿＿＿＿"（2009b）「モバイルメディアと AR 技術のコラボレーションが社会に与える影響」情報通信学会第 26 回大会モバイルコミュニケーション研究会発表資料
富田英典・藤本憲一・岡田朋之・松田美佐・高弘伯彦（1997）『ポケベル・ケータイ主義！』ジャストシステム
富田英典・南田勝也・辻泉編（2007）『デジタルメディア・トレーニング――情報化時代の社会学的思考法』有斐閣
中野収（1984）『ナルシスの現在：自覚と自虐の倫理』時事通信社
"＿＿＿＿＿"（1991）『若者文化人類学：異人としての若者論』東京書籍
"＿＿＿＿＿"（2001）『メディア空間：コミュンケーション革命の構造』勁草書房
日本記号学会編（2005）『ケータイ研究の最前線』慶応義塾大学出版会
橋元良明（1998）「パーソナル・メディアとコミュニケーション行動」山内郁郎・児島和人・橋元良明『メディア・コミュニケーション論』北樹出版、117-138 頁
橋元良明・奥律哉・長尾嘉英・庄野徹（2010）『ネオ・デジタルネイティブの誕生：日本独自の進化を遂げるネット世代』ダイヤモンド
羽渕一代（2002）「ケータイに映る「わたし」」岡田朋之・松田美佐編『ケータイ学入門：メディア・コミュニケーションから読み解く現代社会』有斐閣、

101-121 頁

"＿＿＿＿"（2008）「ケータイ急速普及地域ケニア──周縁地域の利用をめぐるエピソードから」弘前大学人文学部『人文社会論叢』（人文科学篇）第 20 号、29-47 頁

羽渕一代・内藤直樹・岩佐光広編著（2012）『メディアのフィールドワーク：アフリカとケータイの未来』北樹出版

浜日出夫（2004）「エスノメソドロジーの発見」山崎編『実践エスノメソドロジー入門』有斐閣、2-14 頁

原田隆司・寺岡伸悟（2003）『ものと人の社会学』世界思想社

原知章（2013）「人類学的実践としてのメディア研究」日本マス・コミュニケーション学会、第 33 期第 9 回研究会、発表資料

菱沼千明（1991）『電話機のすべて──これで貴方も電話機博士になれる』電波新聞社

平野秀秋（1980）『移動人間論』紀伊国屋書店

藤本憲一（1996）「ポケベル＝「電脳ムスメヤド」─「家を回避する」女子高生の超ムダづかい」現代風俗研究会編『すてきな無駄づかい』リブロポート、52-72 頁。

堀口剛（2008）「戦時期における岩波文庫の受容」日本マスコミュニケーション学会『マス・コミュニケーション研究』No.72。40-57 頁

細川周平（1981）『ウォークマンの修辞学』朝日出版

松田美佐（1996）「普及初期におけるメディアの噂──携帯電話と電話を事例として」東京大学社会情報研究所紀要第 52 号、25-45 頁

"＿＿＿＿"（2000）「若者の友人関係と携帯電話利用──関係希薄論から選択的関係論へ」『社会情報学研究』No.4、25-45 頁

松田美佐・岡部大介・伊藤瑞子編（2006=2005）『ケータイのある風景』北大路書房

松下慶太（2007）『てゆーか、メール私語』じゃこめてい出版

"＿＿＿＿"（2012）『デジタル・ネイティブとソーシャルメディア──若者が生み出す新たなコミュニケーション』教育評論社

水越伸（2002）『デジタル・メディア社会』岩波書店

"＿＿＿"（2005）『メディア・ビオトープ：メディアの生態系をデザインする』紀伊国屋書店

"＿＿＿＿"（2011）『21世紀メディア論』放送大学放送振興会

水越伸編（2005）「循環型情報社会の創出を目指した協同的メディア・リテラシーの実践と理論に関する研究」科学研究費補助金基盤研究（B）（2）、研究成果報告書（代表：水越伸、課題番号：14310071）

水越伸編著（2007）『コミュナルなケータイ』岩波書店

水越伸・金暻和（2010）「ケータイのリテラシー・ケータイのエスノグラフィー：パフォーマンス型授業「モバイルの比較文化的メディア論」の事例研究」東京大学大学院情報学環紀要『情報学研究』78号1-18頁

水越伸・東京大学情報学環メルプロジェクト編（2009）『メディアリテラシー・ワークショップ──情報社会を学ぶ・遊ぶ・表現する』東京大学出版会

水島久光（2005）「ケータイというメディア──「融合」の微分学」日本記号学会編『ケータイ研究の最前線』慶応義塾大学出版会、76-90頁

三宅和子（2004）「「規範からの逸脱」志向の系譜──携帯メールの表記をめぐって」東洋大学文学部紀要第57集『文学論藻』第78号、（1）-（17）頁

"＿＿＿＿＿＿"（2005）「携帯メールの話しことばと書きことば―電子メディア時代のヴィジュアル・コミュニケーション」、三宅和子・岡本能里子・佐藤彰編『メディアとことば2』ひつじ書房、234-261頁

宮武公夫（2000）『テクノロジーの人類学』岩波書店

三好達也（2011）「子どもの関係性とネットいじめの正体──風見鶏な子どもたち」原清治・山内乾史編著『ネットいじめはなぜ「痛い」のか』ミネルヴァ書房、86-99頁

MoDeプロジェクト（2005）「モバイル社会の文化とリテラシーの創出を目指したソシオ・メディア研究─MoDe Project2004年間報告」（研究代表者：水越伸）モバイル社会研究所『平成16年度モバイル社会研究所研究年間①（コア研究プロジェクト）9~195頁

"＿＿＿＿＿＿＿＿＿＿"（2006）「モバイル社会の文化とリテラシーの創出を目指したソシオ・メディア研究」調査研究報告書（研究代表者：水越伸）

山崎安雄（1962）『岩波文庫物語』白凰社

山口敏太郎（2005）『怖くて今夜も眠れない！ 最恐「ケータイ」都市伝説』宝島社

山崎敬一編（2006）『モバイル・コミュニケーション：携帯電話の会話分析』大修館書店

吉見俊哉（1995）『「声」の資本主義』講談社
吉見俊哉・若林幹夫・水越伸（1992）『メディアとしての電話』弘文堂
読売新聞校閲部著（2002）『新聞カタカナ語辞典』中公新書
鷲谷花（2008）「『リング』三部作と女たちのメディア空間」内山一樹編『奇怪と幻想への回路――怪談からJホラーへ』森話社、195-223頁
渡辺正美（1958）『日本電信電話創業史話』一二三書房

【外国語文献】

Agar, J.. (2003). *Constant touch: A global history of the mobile phone.* Cambridge: Icon Books.

Allport, G.W. and Postman, L.. (1952=2008). *The psychology of rumor.* 南博訳『デマの心理学』岩波書店

Appadurai, A.. (1986). (ed.) *The social life of things: Commodities in cultural perspective.* Cambridge University Press

Arnold, M.. (1994). *Culture and anarchy.* Lipman, S. (Eds.). New Haven: Yale University Press.

Askew, K. & Wilk, R.. (2002). *The anthropology of media.* Blackwell.

Barendregt, B and Pertierra, R.. (2008). "Supernatural mobile communication in the Philippines and Indonesia". Katz, J.E.. (ed.). *Handbook of mobile communication studies.* The MIT Press. pp.377-388.

Boal, A.. (1992=2008). *Theatre of the oppressed.* Pluto Press.

Bolter, J.D. & Grusin. R.. (1999). *Remediation: Understanding new media.* Cambridge, MA: MIT Press.

Boorstin, D.J.. (1962=1964). *The image: or, What happened to the American dream.* 星野郁美・後藤和彦訳『幻影の時代――マスコミが製造する事実』東京創元社

Brunvand, J.H.. (1981=1988). *The vanishing hitchhiker: American urban legends and their meanings.* 大月隆寛・菅谷裕子・重信幸彦訳『消えるヒッチハイカー――都市の想像力のアメリカ』新宿書房

Brunvand, J. H.. (1984=1990). *The choking Doberman and other "new" urban legends.* 行方均訳『チョーキング・ドーベルマン――アメリカの「新しい」都市伝説』新宿書房

Castelles, M.. (1996). *The rise of the network society.* Cambridge: Blackwell.

Castelles, M., Fernández-Ardèvol, M., Qiu, J.L., Sey, A.. (2007) *Mobile communication and society: A global perspective.* The MIT Press.

Carey, J.. (1983=2009). "Technology and ideology: The case of the telegraph". *Communication as culture: Revised edition.* Routledge. pp. 155-177.

Chung, Y.W.. (2008). *Mobile Odyssey.* Lionbooks. 정여울 " 모바일 오디세이 " 라이온북스

Clifford, J.. (1986=1996). 橋本和也訳「民族誌にけるアレゴリーについて」Clifford, J. and Marcus, G.E. (Eds.). *Writing culture: The poetics and politics of ethnography.* University of California Press. 春日直樹・足羽與志子・橋本和也・多和田祐司・西川麦子・和迩悦子『文化を書く』紀伊國屋書店、183-226 頁

"_____" (2003=2004). *On the edges of anthropology* (Interviews). Chicago: Prickly Paradigm Press. 星埜守之訳『人類学の周縁から：対談集』人文書院

Clifford, J. and Marcus, G.E.. (1986=1996). (Eds.). *Writing culture: The poetics and politics of ethnography.* University of California Press. 春日直樹・足羽與志子・橋本和也・多和田祐司・西川麦子・和迩悦子『文化を書く』紀伊國屋書店

Collins, R.. (2004). *Interaction ritual chains.* Princeton.

Conquergood, D.. (1991). "Rethinking ethnography: Towards a critical cultural politics". In *Communication monographs.* Vol. 58. pp.179-194.

Couldry, N.. (2003). *Media rituals: A critical approach.* Routledge.

"_____" _(2008) "Mediatization or mediation? Alternative understandings of the emergent space of digital storytelling". *New media & Society.* Vol 10(3). pp. 383-391.

De Certeau, M.. (1984). *The practice of everyday life.* University of California Press.

Denzin, N.K.. (2003) *Performance ethnography: Critical pedagogy and the politics of culture.* Thousand Oaks:Sage.

Dobashi, S.. (2005). "The gendered use of keitai in domestic contexts". Ito, M., Okabe, D. and Matsuda, M.. (eds.). *Personal, portable, pedestrian: Mobile phones in Japanese life.* MIT Press. pp.219-236.

Durkheim, É.. (1912 =1942). *Les forms élémentaires de la vie religieuse. Le système totémique en Australie.* 古野清人訳『宗教生活の原初携帯上・下』岩波書店

Du Gay, P., Hall, S., Janes, L., Mackay, H., Negus, K.. (1997=2000). *Doing cultural studies: The story of Sony Walkman.* London: Sage Publication. 暮沢剛巳訳『実践カルチュラル・スタディーズ——ソニー・ウォークマンの戦略』大修館書店

Evans-Pritchard, E.E.. (1969). *The Nuer: A description of the modes of livelihood and political institutions of a Nilotic people.* Oxford University Press.

Fischer, C.. (1992=2000). *America calling: A social history of the telephone to 1940.* University of California Press. 吉見俊哉, 松田美佐, 片岡みい子訳『電話するアメリカ：テレフォンネットワークの社会史』NTT 出版

Fujimoto, K.. (2005). "The third-stage paradigm: Territory machines from the girls' pager revolution to mobile aesthetics". Ito, M., Okabe, D. and Matsuda, M. (eds.). *Personal, portable, pedestrian: Mobile phones in Japanese life.* MIT Press. pp. 77-101.

Garfinkel, C.. (1974=2004). "The origin of the term "Ethnomethodology"". In Turner, R. (ed.). *Ethnomethodology,* Penguin, pp. 15-18. ガーフィンケルほか、山田富秋・好井裕明・山崎敬一訳 (2004)『エスノメソドロジー：社会学的思考の解体』せりか書房、11 − 20 頁

Geertz, C.. (1973=1987). *The interpretation of cultures.* Basic Books. 吉田禎吾・柳川啓一・中牧弘允・板橋作美『文化の解釈学 I』岩波書店

Giddens, A.. (1992=1995). *The transformation of intimacy: Sexuality, love and eroticism in modern societies.* 松尾清文・松川昭子訳『親密性の変容』而立書房

Gilder, G.. (1992=1993). *Life after television.* First Norton. 森泉淳訳『テレビの消える日』講談社

Goffman, E.. (1959). *The presentation of self in everyday life.* New York: Anchor Books.

"＿＿＿＿＿" (1961). *Encounters: Two studies in the sociology of interaction.* New York: The Bobbs-Merrill. 佐藤毅・折橋徹彦訳『出会い〜相互行為の社会学』誠信書房

"＿＿＿＿＿" (1963=1980). *Behavior in public places: Notes on the social organization of gatherings.* The Free Press. 丸木恵祐・本名信行訳『集まりの構造——新しい日常行動論を求めて』誠新書房

Goggin, G.. (2008). "Cultural studies of mobile communication". In Katz, J.E. (eds.). *Handbook of mobile communication studies.* The MIT Press. pp.353-366.

Goodenough, W.H.. (1957). "Cultural anthropology and linguistics". In Garvin, P. (eds.). *Report of the seventh Annual Round Table Meeting on Linguistics and Language Study.* Washington: Georgetown University.

"＿＿＿＿＿＿＿＿＿＿" ＿(1961). "Comment on cultural evolution". *Daedalus. 90.* pp. 521-528.

Habuchi, I.. (2005). "Accelerating reflexivity". In Ito, M., Okabe, D. and Matsuda, M. (eds.). *Personal, portable, pedestrian: Mobile phones in Japanese life.* MIT Press. pp. 165-182.

Hall, T. E.. (1959=1966). *The silent language.* New York: Doubleday & Company. 国広正雄・長井善見・斉藤美津子訳『沈黙のことば』南雲堂。

"＿＿＿＿＿＿" (1966=1970). *The hidden dimension.* New York: Doubleday & Company. 日高敏隆・佐藤信行訳『かくれた次元』みすず書房

"＿＿＿＿＿＿" (1976=1979). *Beyond culture.* New York: Doubleday & Company. 岩田慶治・谷泰訳『文化を超えて』TBSブリタニカ

Hammer, A.. (2005). "Weaving trickster: Myth and tribal encounters on the world wide web. In Ruthenbuhler, E.R. and Coman, M.. (Eds.). *Media anthropology.* Sage. pp.260-268.

Harris, M.. (1974=1988). *Cows, pigs, wars and witches: The riddles of culture.* New York: Harper & Row. 御堂岡潔訳『文化の謎を解く──牛・豚・戦争・魔女』東京創元社

Headland, T., Pike, K., and Harris, M.. (1990). *Emics and etics : the insider/outsider debate.* Newbury Park: Sage.

Hjorth, L.. (2007). Book review: Personal, portable, pedestrian: Mobile phones in Japanese life. In Convergence: *The international journal of research into new media technologies.* Vol. 13-1. pp. 108-111.

"＿＿＿＿＿＿" (2009). *Mobile media in the Asia-Pacific: Gender and the art of being mobile.* Routledge.

Hjorth, L. & Kim, K.Y.. (2011). "Good grief: The role of social mobile media in the 3.11 earthquake and tsunami disaster in Japan". *Digital Creativity.* 22-3. pp. 187-199.

Hine, C.. (2000). *Virtual ethnography.* Sage.

Horst, A.H. and Miller, D.. (2006). *The cell phone: An anthropology of communication.*

New York. Berg.

Horst, A.H.. (2013). "The infrastructure of mobile media: Towards a future research agenda". In *Mobile media & Communication*. 1-147. pp.147-152.

Huhtamo, E.. (2004=2005). "Pockets of Plenty: An Archaeology of Mobile Media" at ISEA 2004. 12th International Symposium on Electronic Art catalogue, edited by Tapip Makela and Mare Tralla, Helsinki m-cult, pp. 23-26, ＝吉岡洋訳、「モバイルメディアの考古学」、日本記号学会編、『ケータイ研究の最前線』、92 〜 109 頁、慶応義塾大学出版会

"＿＿＿＿＿＿" (2011). (Eds). *Media archaeology: Approaches, applications, and implications.* University of California Press.

Ito, M., Okabe, D. and Matsuda, M.. (2005=2006). (eds.). *Personal, portable, pedestrian: Mobile phones in Japanese life.* MIT Press. 松田美佐・岡部大介・伊藤瑞子『ケータイのある風景――テクノロジーの日常化を考える』北大路書房

Ito, M., Okabe, D. and Anderson, K.. (2009). Portable objects in three global cities: The personalization of urban places. In Ling, R. & Campell, S.W. (eds.). *The reconstruction of space and time: Mobile communication practices.* New Brunswick: Transaction publishers.

Kato, F., Okabe, D., Ito, M., Uemoto, R.. (2005). "Uses and possibilities of the keitai camera", in Ito, M., Okabe, D. and Matsuda, M. (eds.). *Personal, portable, pedestrian: Mobile phones in Japanese life.* MIT Press. pp. 301-310.

Katz, J. E.. (1999). *Connections: Social and cultural studies of the telephone in American life.* New Brunswick: Transaction Publishers.

"＿＿＿＿＿＿" (2006). *Magic in the air: Mobile communication and the transformation of social life.* New Brunswick: Transaction Publishers.

Katz, J. E. and Aakhus, M.. (2002=2003). (Eds.). *Perpetual contact: Mobile communication, private talk, public performance.* Cambridge University Press. 富田英典監訳『絶え間なき交信の時代：ケータイ文化の誕生』NTT 出版

Kim,S.D.. (2002=2003), "Korea: personal meanings", in Katz,J.E. & Aakhus,M.(ed.), *Perpetual Contact: Mobile communication, private talk, public performance,* Cambridge: Cambridge University Press.＝ キム・シンドン、「韓国：個人的な意味」富田英典監訳、『絶え間なき交信の時代：ケータイ文

化の誕生』NTT 出版、78-95 頁

Kim, K.Y.. (2012). "The landscape of keitai shosetsu: Mobile phones as a literary medium among Japanese youth". In *Continuum: Journal of media & cultural studies*. 26-3. pp. 476-485. Routeledge.

"＿＿＿＿" (2013). "An 'insider's view in media studies: Performance ethnography of mobile media". In R. Rinehart, K. Barbour & C. Pope. (Eds.) *Ethnographic worldviews: Transformation and social justice*. Dordrecht. pp. 205-215.

"＿＿＿＿" (2015). "The everydayness of mobile media in Japan". In Hjorth, L. & Khoo, O. (Eds.) *The Routledge Handbook of New Media in Asia*. Routledge. pp. 445-457.

Kluckhohn, C.. (1949=1971). *Mirror for man: Anthropology and modern life*. McGraw-Hill Book Company. 外山滋比古・金丸由雄訳『文化人類学の世界』講談社

Kluckhohn, C. & Kelly, W.H.. (1945). "The concept of culture". In Linton, R. (ed.). *The science of man in the world crisis*. New York: Columbia University Press.

Kopomaa, T.. (2000=2004). *The city in your pocket: Birth of the mobile information society*. University Press Finland. 川浦康至・溝渕佐知・山田隆・森裕治訳『ケータイは世の中を変える：携帯電話先進国フィンランドのモバイル文化』北大路書房

Kopytoff, I.. (1986). "The cultural biography of things: Commoditization as process", Appadurai, A. (ed.) *The social life of things: Commodities in cultural perspective*. Cambridge University Press. pp.64-91.

Koskinen, I.. (2007). "Managing banality in mobile multimedia". Pertierra, R. (Eds.). *The social construction and usage of communication technologies: European and Asian experiences*. Singapore: Singapore University Press. pp. 48-60.

Kroeber, A. L.. (1948). *Anthropology*. New York: Harcourt Brace and Jovanovich.

Langness, L.L. & Frank, G.. (1981=1993). *Lives: An anthropological approach to biography*. Chandler & Sharp Publishers. 米山俊直・小林多寿子訳『ライフヒストリー研究入門──伝記への人類学的アプローチ』ミネルヴァ書房

Lambert, J.. (2002). *Digital storytelling: Capturing lives, creating community, the third edition*. Digital Diner Press.

Larsen, J. & Sandby, M.. (2014). *Digital snaps: The new face of photography*. I.B.

Tauris.

Ling, R.. (2004). *The mobile connection: The cell phone's impact on society.* San Francisco: Morgan Kaufmann Publishers.

"_____" _(2008=2009). *New tech, new ties: How mobile communication is reshaping social cohesion.* MIT Press. 배진한 역 "모바일 미디어와 새로운 인간관계 네트워크의 출현—휴대전화는 사회관계를 어떻게 바꾸고 있는가?" 커뮤니케이션북스.

Ling, R. and Campbell, S.W.. (2009). *The reconstruction of space and time: Mobile communication practices.* New Brunswick and London: Transaction Publishers.

Lule, J.. (2005). "News as myth: Daily news and eternal stories". In Ruthenbuhler, E.R. and Coman, M.. (Eds.). *Media anthropology.* Sage. Pp. 101-110.

Lyotard J-F.. (1979=1984). *La condition postmodern: Rapport sur la savoir.* Les Editions de Minuit. Bennington, G. and Massumi, B. (trans.) The postmodern condition: A report on knowledge. University of Minnesota.

MacAloon, J.. (1984=1988). Rite, drama, festival, spectacle: Rehearsals toward a theory of cultural performance. ISHI. 光延明洋・今福龍太・上野美子・高山宏・浜名恵美訳『世界を映す鏡——シャリヴァリ・カーニヴァル・オリンピック』平凡社

Malinowski, B.. (1922). *Argonauts of the western Pacific: An account of native enterprise and adventure in the archipelagoes of Melanesian* New Guinea. New York: Dutton.

Marcus, G.E. and Fischer, M.J.. (1986). *Anthropology as cultural critique: An experimental moment in the human sciences.* Chicago and London: The University of Chicago Press.

Marvin, C.. (1988=2003). *When old technologies were new: Thinking about electric communication in the late nineteenth century.* Oxford University Press. 吉見俊哉・水越伸・伊藤昌亮訳『古いメディアが新しかったとき—19世紀末社会と電気テクノロジー』新曜社

Matsuda, M.. (2005). "Discourses of Keitai in Japan". Ito, M., Okabe, D. and Matsuda, M. (eds.). *Personal, portable, pedestrian: Mobile phones in Japanese life.* MIT Press.

"_____" (2010). "Japanese mobile youth in the 2000s". Donald, S.H., Anderson, T.D., Spry, D. (eds.) *Youth, society and mobile media in Asia.* London

and New York: Routledge.
McCall, M.M.. (2000=2006). Performance ethnography: A brief history and some advice. in Denzin, N. & Lincoln, Y. (eds) *Handbook of qualitative research.* Thousand Oaks: Sage.（平山満義・伊藤勇・大谷尚訳『質的研究のハンドブック』北大路書房）
McLuhan, M.. (1962=1986). *The Gutenberg galaxy: The making of typographic man.* University of Toronto Press. 森常治訳『グーテンベルクの銀河系──活字人間の形成』みすず書房
Mcluhan, M.. (1964=1967). *Understanding media: The extensions of man.* New York: McGraw-Hill B64ook Company. 栗原裕・河本仲聖訳『メディア論〜人間の拡張の諸相』みすず書房
Mead, G.H.. (1934=1995). *Mind, self and society, from the standpoint of a social behaviorist.* Chicago: The University of Chicago Press. 河村望訳『デューイ＝ミード著作集 6. 精神・自我・社会』人間の科学社
Mead, M. & Bateson, G.. (2002). "On the use of the camera in anthropology". In Askew, K. & Wilk, R.R. (eds.). *The anthropology of media.* Blackwell. pp. 41-46.
Miller, D. & Slater,D.. (2000). *The internet: An ethnographic approach.* Oxford: Berg.
Miyata, K., Boase, J. and Wellman, B.. (2008). "The social effects of keitai and personal computer e-mail in Japan". J. E. Katz. (Eds.) *Handbook of mobile communication studies.* The MIT Press. pp.209-222.
Morley, D. & Silverston, R.. (1991). Communication and context: Ethnographic perspectives on the media audience. In Jankowski, N. & Jensen, K.B. (Eds.). *A handbook of qualitative methodologies for mass communication research.* Routledge.
Ong, W-J.. (1982=2007). *Orality and literacy: The technologizing of the word.* 桜井直文・林正寛・糟谷啓介訳『声の文化と文字の文化』藤原書店
Peters, J.D.. (2001). *Speaking into the air: A history of the idea of communication.* University of Chicago Press.
Petroski, H..（1989=1993）*The pencil: A History of design and circumstance.* 渡辺潤・岡田朋之訳『鉛筆と人間』、晶文社
Pink, S.. (2009). *Doing sensory ethnography.* Sage,
"＿＿＿" (2011). "Sensory digital photography: Re-thinking "moving" and the image. In *Visual Studies,* 26:1. pp.4-13.

Plant, S.. (2002). "On the mobile", at http://classes.dma.ucla.edu/Winter03/104/docs/splant.pdf (accessed in Sep 23, 2011)

Prensky, M.. (2001). "Digital natives, digital immigrants". *On the horizon.* 9-5. MCB University Press.

Rheingold, H.. (2002). *Smart mobs: The next social revolution.* Perseus Publishing.

"＿＿＿＿＿" (2008). "Mobile media and political collective action". Katz, J.E. (Eds.). *Handbook of mobile communication studies.* The MIT Press. pp.225-239

Riesman, D.. (1961=1964). *The lonely crowd: A study of the changing American character.* New Haven: Yale University Press. 加藤秀俊訳『孤独な群衆』 みすず書房

Rogers, E.M.. (2000). "The Extensions of Men: The Correspondence of Marshall McLuhan and Edward T. Hall". *In Mass Communication and Society.* Volume 3, Issue 1, pp.117-135.

Rojek, C.. (2007=2009). *Cultural studies.* Polity. 渡辺潤・佐藤生実訳『カルチュラル・スタディーズを学ぶ人のために』世界思想社

Rothenbuhler, E.W.. (1998). *Ritual communication: From everyday conversation to mediated ceremony.* Sage.

Ruthenbuhler, E.R. and Coman, M.. (2005). (Eds.). *Media anthropology.* Sage.

Schechner, R.. (1998). *Performance studies: Where theatre meets anthropology.* 高橋雄一郎訳『パフォーマンス研究——演劇と文化人類学の出会うところ』人文書房

Schutz, A.. (1970=1980). *On phenomenology and social relations.* University of Chicago Press. 森川眞規雄・浜日出夫訳『現象学的社会学』紀伊国屋書店

Sconce, J.. (2000). *Haunted media: Electronic presence from telegraphy to television.* Durham and London: Duke University Press.

Singer, M.. (1972). *When a great tradition modernizes: An anthropological approach to Indian civilization.* New York, Washington, London: Praeger Publishers.

Sousa,M.. (2007). "Book review: Ito, Mizuko, Okabe, Daisuke, & Matsuda, Misa (Eds.). (2005). Personal, portable, pedestrian: Mobile phones in Japanese life. Cabridge, MA: MIT Press. 368 pages". *In Journal of Business and Technical Communication.* Vol. 21. pp. 332-334.

Thompson, P.. (1978=2002) *The voice of the past: Oral history third edition.* Oxford University Press. 酒井順子訳『記憶から歴史へ——オーラル・ヒストリーの

世界』青木書店

Tomita, H.. (2005). "Keitai and the intimate stranger" in Ito, M., Okabe, D. and Matsuda, M. (eds.). *Personal, portable, pedestrian: Mobile phones in Japanese life.* MIT Press. pp. 183-201.

Turkle, S.. (2008). "Always-On/Always-On-You: The tethered self ". Katz, J.E. (Eds.). *Handbook of mobile communication studies.* The MIT Press. pp.121-137

"_____" (2011). *Alone together: Why we expect more from technology and less from each other.* Basic Books.

Turner, V.. (1974=1981). *Dramas, fields, and metaphors: Symbolic action in human society.* Cornell University Press. 梶原景昭訳『象徴と社会』紀伊国屋書店

"_____" (1987). *The anthropology of performance.* New York: PAJ Publications.

Urry, J.. (2006). *Mobilities.* Cambridge: Polity.

Urry, J. and Sheller, M.. (2006). (Eds.) *Mobile technologies of the city.* London and New York: Routledge.

Van Dijck, J. (2007). *Mediated memories in the digital age.* CA:Stanford University Press.

Van Gennep, A.V. (1909=1977). *The rites of passages.* London: Routledge. 綾部恒雄・綾部裕子訳『通過儀礼』弘文堂

Villi, M.. (2012). "Visual chitchat: The use of camera phones in visual interpersonal communication." *Interactions Studies in Communication & Culture.* 3(1): 39-54.

"_____" (2010). *Visual mobile communication: Camera phone photo messages as ritual communication and mediated presence.* Aalto University.

Williams, R.. (1961). *The long revolution.* Broadview.

"_____" (1980=2000). "Means of communication as means of production", *Problems in materialism and culture.* 小野俊彦訳「生産手段としてのコミュニケーション手段」吉見俊哉編『メディア・スタディーズ』せりか書房、41-54頁

Wilken, R. & Goggin, G.. (2012). *Mobile technology and place.* Routledge.

Yoon, K.Y.. (2006). "The making of neo-Confucian cyberkids: Representations of young mobile phone users in South Korea". *In New media Society.* Vol. 8. pp. 753-771.

【さくいん】

あ行

アイデンティティ 105
iモード 18、23、27
iPhone アイフォーン 19, 102,109,154
アドレス帳 53
アパデュライ(Appadurai, Arjun) 118
アフリカ 7,8, 21
アーリ(Urry, John) 38, 43
異化(verfremdung) 66, 67, 122, 150
いしかわ子ども総合条例 28
移動性(mobility) 38, 39, 42, 43
異文化記述(異文化) 55-57, 60
イーニス(Innis, Harold) 11
薄い記述(thin description) 58
梅棹忠夫 39
ウィリアムズ(Williams, Raymond) 48, 117
ウォークマン 23
うわさ 71-73, 86, 90
――「携帯電話でガンになる」 76
――「テレビから放射線が出る」 76
――「電話でコレラが伝播する」 74
映像人類学 60
SMS(short message service) 125
エスノグラフィー(ethnography) 54, 56-58
エスノメソドロジー (ethnomethodology) 54
岡田朋之 17, 27, 32-35, 42
オング(Ong, Walter) 72
オート・エスノグラフィー(auto-ethnography) 97
オーラル・ヒストリー 97

か行

開発人類学 59
かくれた次元 10, 12, 148
カステルス(Castells, Manuel) 37
「語りの実践」 72, 73, 77, 89, 91
カルチュラル・スターディーズ 48, 49, 64
韓国 7, 19, 21, 23, 26, 98, 123-128, 146
観察者のアプローチ(etic approach) 61
カッツ(Katz, James) 37, 46, 85, 143
ガラパゴス・ケータイ(ガラケー) 24-27, 105
学校怪談 79, 81, 90
ギアーツ(Geertz, Clifford) 58, 59, 62
ギデンズ(Giddens, Anthony) 62
クリフォード(Clifford, James) 55, 57
ケニア 54
ケータイ依存症 29
ケータイ学(keitai studies) 32-36, 39
ケータイ所持禁止 28, 30
ケータイ中毒 29
ケータイ文化(keitai culture) 35, 45, 147, 154
考現学(modernology) 116
コピトフ(Kopytoff, Igor) 119
コクーニング 144
ゴギン(Goggin, Gerard) 45
ゴッフマン(Goffman, Erving) 64, 65, 137

さ行

再帰性(reflexivity) 60, 62, 64

「沙羅メール」 78, 90
参与観察（participatory observation） 54, 55, 57
商品化（commoditization） 118
植民地政策 56
SIMカード 8, 109
「自明な出来事」 51-53, 63, 77, 97, 122, 150
ジャマイカ 54
センター・フォー・デジタル・ストーリーテリング（Center for digital storytelling） 94, 95
シンク・イン（sync-in） 142
親密性 109

た行
第三世界人類学 59
小さな文化（little cultures） 45, 47, 49
『着信アリ』 88
着信実験 83
中国 108, 128-131
帝国主義 56, 58
テクノ・ナショナリズム 23, 26
テレビ 7, 8, 27, 72, 76, 87
テレビ電話 42, 126, 140, 144
デジタル・ストーリーテリング 94, 95
デジタル・ネイティブ 45
電子手帳 43
電磁波 76
DMB（digital multimedia broadcasting） 125
東京大学情報学環 37, 66
匿名性（匿名コミュニケーション） 29, 109
都市伝説（urban legend） 71, 72

富田英典 17, 32, 33, 35, 38, 109
ドコモ 18, 83
d'CATCH（de Centralized Asian Transnational Challenge project） 99

な行
内部者のアプローチ（emic approach） 60, 61, 63, 65, 97, 115, 122, 150
『長い革命』 48
二次的な声の文化 72
日常性（everydayness） 9, 12, 32
日本人の情報行動 37
人間関係希薄化論 29
ネオ・デジタルネイティブ 45
ネットいじめ 29

は行
羽渕一代 8, 21, 31, 54, 103
パフォーマンス（performance） 63-65
――パフォーマンス・エスノグラフィー（performance ethnography） 121-123
――パフォーマンス・ターン（performance turn） 65
"Personal, portable, pedestrian: Mobile phones in Japanese life" 33
"Perpetual contact: Mobile communication, private talk, public performance" 46
ヒョース（Hjorth, Larissa） 33, 46, 54, 123
藤本憲一 17, 32, 35, 46
フィリピン 86, 99, 102, 105, 106,

108, 110, 111
分厚い記述(thick description) 54, 58, 59
ブルンヴァン(Brunvand, Jan Harold) 71, 72, 79, 87, 90
ブレヒト(Brecht, Bertolt) 67
プロクセミックス(proxemics) 10, 141
文化概念 47-50, 59
──近代的生活様式 47
──集団的意識 48
──集団的表象 49
文化唯物論(cultural materialism) 116
『文化を書く』 55-57, 59, 60
物質文化論 115, 116
フォークロア(folk, folklore) 71, 72, 79
ベイトソン(Bateson, Gregory) 60
ペトロスキー(Petroski, Henry) 43, 44
ホール(Hall, Edward) 10-12, 142
ポケットベル(ポケベル) 46
『ポケベル・ケータイ主義』 32

ま行

マクルーハン(McLuhan, Marshall) 10-12
松田美佐 29, 32, 33, 35, 38, 75
マルチメディア化 42
水越伸 31, 66, 67, 122
民俗学 35, 56, 71, 90, 116
ミード、G.H.(Mead, George Herbert) 62
ミード(Mead, Margaret) 60
メディア・コンテ 96
メディア・リテラシー 35, 66, 67

メディア論 10-12, 42, 98
メール 32, 34, 46, 113, 114, 135
モバイル・インターネット 19, 23-25, 124
モバイル社会 9, 19, 22, 30, 149
モバイル研究(mobile studies) 36, 38, 54, 147
MoDe(Mobiling & designing project) 66, 68, 121

や行

ユビキタス・ネットワーク社会 7, 8
夢野久作 75
呼び名 17-21, 27, 32
──キャンヌッカ 21
──携帯電話 18
──ケータイ 17-19
──ショーチー 21
──スマートフォン 19, 20
──セルフォン 20
──ヘンドゥポン 21
──モバイル・メディア 22

ら行

ライティング・カルチャー・ショック 56, 58
ライフヒストリー 35
ラインゴールド(Rheingold, Howard) 38
リング(Ling, Rich) 38
『リング』 88

わ行

ワークショップ(WS) 66, 150
ワープロ 43

著者略歴

金　暻和（きむ・きょんふぁ）

1971年生まれ。韓国ソウル大学人類学科卒業、東京大学学際情報学府博士課程修了（博士・学際情報学）。韓国日報の記者、大手ポータル・サイト（Daum）の事業企画担当、オーマイニュース・インターナショナル（日本法人）のCOO取締役などを勤めた。東京大学情報学環助教を経て、現在は神田外語大学の専任講師。専門はメディア論、デジタル・メディアの文化社会学、メディア人類学。

著書に、『세상을 바꾼 미디어(世相を変えたメディア)』(다른출판사、KPIPA 優秀著作当選作)、分担執筆に『ポスト・モバイル社会』（世界思想社）、『ケータイ社会論』（有斐閣、共著）、The Routledge Handbook of New media in Asia (Routledge), Ethnographic worldviews: Transformation and social justice (Dordrecht) など。

ケータイの文化人類学
――かくれた次元と日常性

クオン人文・社会シリーズ

2016年2月29日　初版第1刷発行

著　者	金暻和
発行人	金承福
発行所	株式会社 クオン
	〒104-0052　東京都千代田区神田神保町1-7-3　三光堂ビル3階
	電話：03-5244-5426／Fax：03-5244-5428
組版	廣田稔明
ブックデザイン	桂川　潤

URL http://www.cuon.jp/
ISBN 978-4-904855-37-9 C0065 ¥1800E
万一、落丁乱丁のある場合はお取替えいたします。小社までご連絡ください。